AF474299

VOYAGE

DE

JÉRUSALEM ET AUTRES LIEUX SAINCTS

ANGERS, IMPRIMERIE DE COSNIER ET LACHÈSE

VOYAGE
DE JÉRUSALEM
ET AUTRES LIEUX SAINCTS

EFFECTUÉ ET DÉCRIT EN 1644

PAR MESSIRE FRANÇOIS-CHARLES DU ROZEL

SEIGNEUR DU GRAVIER, SECRÉTAIRE DE LA CHAMBRE DU ROY

Publié avec Préface, Annotations et Commentaires, par

M. BONNESERRE DE SAINT-DENIS

DIRECTEUR DE LA REVUE NOBILIAIRE, ANCIEN RÉDACTEUR EN CHEF DE L'UNION DE L'OUEST
VICE-PRÉSIDENT DE L'INSTITUT POLYTECHNIQUE DE PARIS, ETC., ETC.

PARIS

LIBRAIRIE HÉRALDIQUE DE J. B. DUMOULIN, LIBRAIRE DE LA SOCIÉTÉ
DES ANTIQUAIRES DE FRANCE

13 — QUAI DES GRANDS-AUGUSTINS — 13

1864

PRÉFACE

Revêtir la robe du pèlerin, et marcher ensuite vers la Palestine, n'était pas en 1644 faire ce que le touriste appelle de nos jours un voyage d'agrément. Il fallait aux Occidentaux qui prenaient une telle résolution, autre chose qu'une profonde piété, qu'un ardent désir de retremper leur foi à la source même d'où le christianisme avait jailli seize siècles auparavant. Le courage, la force, la richesse, la persévérance leur devenaient indispensables en raison des dangers, des dépenses, des obstacles qui les attendaient en chemin.

Le nombre des chrétiens d'Europe qui allaient en ces temps reculés s'agenouiller au pied du divin sépulcre, était donc fort limité, ainsi que l'atteste Châteaubriand, dans son *Itinéraire de Paris à Jérusalem* (1) :

« Dans l'espace du dernier siècle — dit l'illustre écrivain — les pères » de Saint-Sauveur n'ont peut-être pas vu deux cents voyageurs catholi- » ques, y compris les religieux de leurs ordres et les missionnaires au

(1) Tome II, pp. 345 et 346, 3e édition.

» Levant. Que les pèlerins latins n'ont jamais été nombreux, on peut le » prouver par mille exemples. Thévenot raconte qu'en 1656 il se trouva, » lui vingt-deuxième, au Saint-Sépulcre. Très-souvent les pèlerins ne » montoient pas au nombre de douze, puisqu'on étoit obligé de prendre » des religieux pour compléter ce nombre, dans la cérémonie du lavement » des pieds, le mercredi saint. En effet, en 1589, soixante-dix-neuf ans » avant Thévenot, Villamont ne rencontra que six pèlerins francs à Jéru- » salem. Si en 1589, au moment où la religion étoit si florissante, on ne » vit que sept pèlerins en Palestine, qu'on juge combien il y en devoit » avoir en 1806 ?......... Mon arrivée au couvent de Saint-Sauveur fut » un véritable événement. M. Seetzen, qui s'y trouvoit à Pâques de la » même année, c'est-à-dire sept mois avant moi, dit qu'il étoit le seul » catholique. »

Aujourd'hui, les progrès de la civilisation et des sciences joints à des traités internationaux mieux respectés qu'anciennement, ont rendu pour l'Européen la route de Judée facile et prompte à parcourir. L'élégant wagon y a remplacé la lourde patache; le confortable steamer, l'incommode, le trop lent navire à voiles. S'assujétissant l'espace, la vapeur, plus sûre de ses ailes que le mythologique Icare ne l'avait été des siennes, a fini par traverser les plaines, par raser le sommet des vagues avec une vitesse vertigineuse. La distance n'est plus; le génie de l'homme, sa persévérance, l'ont anéantie. Mais en l'honneur de notre siècle, disons que la religion a été des premières à bénéficier des merveilleuses inventions qu'il a vu s'accomplir. De toutes parts les chrétiens se sont élancés vers le Jourdain, vers le Carmel. Pacifiques croisés, ce n'est plus la parole inspirée d'un nouveau Pierre l'Ermite qui les a entraînés, c'est la seule impulsion de l'amour divin. Jérusalem ne demande ni leur sang ni leur glaive, pour sa délivrance; le sachant, qu'y viennent-ils faire, alors? Prier, se réconforter spirituellement dans ses murs où vécut, où mourut le Sauveur !

Et cet élan si remarquable des catholiques, ce touchant empressement qu'ils témoignent — en présence des obstacles aplanis — de visiter sans retard le tombeau du Christ, constatons jusqu'à quel point on l'a favorisé, surtout en France.

D'éminents prélats, de vénérables prêtres fondèrent à Paris, au début de 1853, l'*Œuvre* dite *des Pèlerinages en Terre-Sainte* (1), grâce à laquelle on put se joindre, pour une somme relativement modique — treize cents francs au maximum — à des caravanes admirablement organisées, dont le départ, dont le retour invariablement fixés n'exigeaient qu'une absence de six ou sept semaines.

Une telle Œuvre prospéra, parce qu'elle donnait à des aspirations, à des désirs longtemps comprimés le moyen de se satisfaire. Son succès dépassa même toutes les espérances, et le 22 août 1863 un ecclésiastique fort autorisé, *M. l'abbé Soubiranne*, l'affirmait au milieu d'une assemblée bien faite pour en sentir le prix et s'en réjouir — au milieu du Congrès de Malines. — Il disait :

« Dès que fut créée cette Œuvre, *quarante* catholiques se réunirent » sous la sainte coupole pendant les offices de Pâques; et dans l'espace » de dix années *dix-neuf* caravanes catholiques se sont succédé; la der- » nière faisait il y a quatre mois son entrée solennelle à Jérusalem, sous

(1) Le Secrétariat de l'Œuvre est à Paris, rue Furstemberg, 6; c'est là qu'il faut s'adresser pour tout renseignement concernant le pèlerinage.

» la présidence de l'éminent patriarche latin Mgr Valerga; et depuis 1856 » jusqu'en 1861, *quarante mille* pèlerins ont profité de l'hospitalité offerte » avec tant de générosité par nos dignes religieux franciscains (1). »

Dans ces quarante mille pèlerins qui de 1856 à 1861 ont foulé la terre de Chanaan, combien a-t-on compté de Français ?

M. l'abbé Soubiranne ne l'a pas précisé, mais il y en a eu des milliers, et deux fois l'an nos compatriotes répondent par centaines à l'appel que leur adresse, au moyen des journaux, l'Œuvre dont nous sommes heureux de proclamer la réussite, d'honorer, de louer les fondateurs.

Chez nous donc, où la religion régna toujours avec tant d'éclat, on a prêté, on prête constamment une oreille attentive aux échos partis de la Palestine; on aime les ouvrages parlant de ces lieux sacrés, et le sentiment qui les fait rechercher est si vrai, si général, que le récit de l'obscur pèlerin, de l'écrivain inexpérimenté est accueilli, lu avec non moins d'empressement que celui du personnage, du littérateur le plus illustre. Voilà pourquoi les relations des voyages à Jérusalem ont été, dans notre chère patrie, et si nombreuses et si souvent rééditées.

Mais jadis, par cela même que de semblables pérégrinations s'effectuaient rarement et très-péniblement, jadis

(1) *Assemblée générale des catholiques en Belgique*, 1re *session*, 1863, tome Ier, pp. 372-377.

l'attention, la sympathie s'éveillaient plus vives qu'aujourd'hui pour chaque pèlerin qui nous revenait. On l'accablait de questions, on le félicitait, on l'admirait; le surnom de *Hiérosolymitain* devenait, distinction suprême, enviée, sa récompense; la voix publique le lui décernait; aussi toute famille qui avait le bonheur de posséder un pèlerin parmi ses membres, s'efforçait-elle d'en perpétuer le souvenir. Enfin, si le Hiérosolymitain s'était trouvé suffisamment lettré pour consigner sur le papier le récit de son voyage, ce manuscrit passait de main en main, des parents aux amis, et, l'auteur mort, il demeurait, pieux et noble legs, l'héritage de ses petits-fils, de ses petits-neveux, aux yeux desquels il jouissait d'une double valeur, car c'était le plus ordinairement dans ses pages jaunies, séculaires, qu'on leur avait appris à lire l'*écriture*.

Et du nombre de ces derniers manuscrits est précisément celui que nous publions, puisqu'il remonte à 1644 et n'a cessé, depuis, d'appartenir aux descendants, aux alliés du pèlerin qui le rédigea. C'est M. *Félix le Joyant,* érudit voué de cœur aux études généalogiques, qui nous l'a communiqué. Issu d'une famille de très-ancienne noblesse, originaire du Maine, et dont un membre forma souche en Franche-Comté vers la fin du XVIe siècle, il l'a découvert en classant les archives des différentes branches de sa maison. En le mettant à notre disposition, il y a joint plusieurs recueils inédits dus à sa plume et fort précieux pour l'histoire nobiliaire du Maine. Ce sont eux qui vont nous permettre de parler ici, au point de vue biographique, de notre auteur, de DU ROZEL ; nous trouvons effectivement le passage suivant dans le cahier relatif aux *Aubert*, antique lignée des plus honorables :

« *Charles-François* DU ROZEL, écuyer, seigneur du Gravier (*Orne*), » secrétaire ordinaire de la Chambre du Roy, avait des liens de parenté » avec les de Prullay, etc., etc.; nous possédons sur lui un document » curieux : c'est la relation *originale, et par conséquent manuscrite et* » *autographe*, d'un pèlerinage qu'il fit en Terre-Sainte, en l'année 1644, » dans laquelle il décrit tout ce qu'il a vu et fait tant en Palestine qu'en » Italie et en Égypte. Ce carnet de voyage est accompagné : 1° d'un passe- » port délivré à Venise, le 4 août 1644, signé du sieur des Hameaux, » ambassadeur du Roy de France près la République, et revêtu du sceau » de ses armes; 2° d'un certificat de présence aux Saints-Lieux, daté de » Jérusalem, le 17 octobre 1644, délivré par Pierre de Montpileux (*Petrus* » *de Montepiloso*), commissaire apostolique, gardien de toute la Terre- » Sainte, signé de sa main et revêtu du sceau du couvent du Saint- » Sauveur.

» Dans les divers titres que nous avons sur lui, ce Charles-François a » son nom de famille écrit Rozel, de Rozel, et du Rozel (comme David » Rivault, seigneur de Fleurance, gouverneur de Louis XIII, qui s'est fait » appeler du Rivau). Il habitait Paris, rue et paroisse Saint-André, mais » il était originaire du lieu de Pervenchères (*Orne*), et était fils de Mathieu » de Rozel, seigneur du Gravier, etc., demeurant au château de Vauvineux, » dite localité de Pervenchères..... »

On le voit, M. Félix le Joyant est exact, précis ; il utilise les moindres matériaux et consigne tout ce qu'il sait d'un personnage ; cependant, comme il ne mentionnait ni les armes des du Rozel, ni les représentants pouvant encore exister, de cette maison, nous avons essayé de suppléer à son silence, le jugeant un silence forcé. Informé qu'un M. *du Rosel de Saint-Germain* habitait Alençon, nous l'avons fait interroger, et voici quelques extraits de sa réponse, qu'on nous a transmise :

« Alençon, 9 novembre 1863.

« MONSIEUR,

» Je regrette de ne pouvoir résoudre entièrement toutes les questions » que vous m'adressez........ Je suis descendant des du Rosel de Saint- » Germain, une des branches des du Rosel, qui étaient très-nombreuses en » Bretagne et en Normandie, dans les deux siècles précédents, et qui se » sont éteintes successivement sans laisser d'héritiers mâles, excepté celle » que j'ai l'honneur de représenter.

» Nous portons : De gueules à trois *roses* d'argent, 2 et 1.

» Je ne possède complète que la généalogie de ma branche.

» Dans les anciennes chartes, notre nom est écrit tantôt par un *z*, tantôt » par un *s*.

» Dans les *Mémoires* publiés sous le règne de Louis XIV, figurent plu- » sieurs du Rozel dont quelques-uns occupèrent de hauts grades militaires » et sont cités avec éloges, notamment par Villars.

» Il est aussi prouvé que des du Rozel ont accompagné Guillaume le » Conquérant en Angleterre.

» Toutefois, pour ce qui concerne Charles-François du Rozel, écuyer, » seigneur du Gravier (*Orne*), et vivant en 1644, je ne puis vous donner » aucun renseignement; néanmoins il est très-probable que, si nos armes » sont semblables, nous sortons d'une même souche......

» Agréez, etc., etc.

» T. DU ROSEL DE SAINT-GERMAIN. »

Nous ignorons — quant à nous — si les armes de l'ancien seigneur du Gravier furent ou non les armes parlantes décrites ci-dessus, mais nous le croyons fermement un des ancêtres du gentilhomme alençonnais qui a bien voulu nous aider à éclaircir ce point incertain. Et notre opinion ne saurait paraître hasardée, si l'on réfléchit que M. du Rosel de Saint-Germain a précisément pour résidence la contrée où naquit Charles-François, où vécut son père, et dans laquelle ils possédèrent leurs fiefs.

Ajoutons comme pièces à consulter par le lecteur, s'il n'acceptait pas cette opinion, que divers Armoriaux (1) signalent des *du Rosel* et des *de Roselle* qu'ils disent originaires de Bourgogne, qu'ils montrent établis en Dauphiné, en Touraine, et desquels ils blasonnent ainsi les armes, également parlantes : D'argent, à trois *roseaux* de sinople, 2 et 1, au chef de gueules chargé de trois besants d'or. Et parfois ils observent que le chef est « soutenu d'une cotice endenchée, de sable ; » indice d'une brisure de cadet.

Occupons-nous maintenant du manuscrit que nous avons à présenter.

Dénué de toute prétention littéraire, il est écrit à la hâte, sans art, sans afféterie ; on comprend, en le lisant, qu'on a sous les yeux les tablettes, non d'un cosmographe ou d'un homme de lettres, mais celles, uniquement, d'un patricien érudit, religieux, et plutôt naïf que crédule. C'est à dessein, du reste, que nous nous servons du mot *tablettes*, notre pèlerin s'étant borné à résumer chaque

(1) Voir l'*Histoire généalogique de la Noblesse de Touraine*, par le chevalier de l'Hermite-Souliers, 1 vol. in-f°, 1665 ; — le *Nobiliaire de Bretagne*, par M. P. de Courcy, 3 vol. in-4°, 1862 ; — l'*Armorial* de Dubuisson, 2 vol. in-12, 1757 ; — et celui de Jouffroy d'Eschavannes, 1 vol. in-8, 1844.

jour, en de courtes notes, ses impressions, ses remarques, les renseignements qu'on lui donnait. Faire un livre ! jamais il n'y songea : il a planté quelques jalons afin plus tard de remettre en bonne route sa mémoire, si l'âge venait à l'affaiblir sur ces courses lointaines — et voilà tout.

Eh bien ! avouons-le, nous préférons, et de beaucoup, de telles notes aux phrases élégantes, aux digressions poétiques de maints voyageurs. N'ont-elles pas dans leur déshabillé, dans leur incorrection, un naturel, un piquant, un accent de vérité qu'on trouve rarement sous les métaphores et le fard dont les écrivains de profession se croient obligés d'user, si ce n'est d'abuser? Puis aussi leur concision fait mieux retenir ce qu'elles contiennent.....

Mais soyons concis nous-même, à leur exemple, en n'étendant pas outre mesure les limites de cette Préface, et pour en finir avec ce manuscrit, disons qu'il est divisé en trois parties :

La première a trait aux villes de France et d'Italie que l'auteur rencontra sur sa route en allant, de Paris, s'embarquer à Venise;

La seconde décrit la Palestine;

La troisième concerne l'Égypte.

De ces parties nous ne publions que la seconde, et

nous la publions en l'annotant longuement, avec soin, du Rosel ayant commis quelques erreurs, tenu volontairement dans l'ombre ou ignoré des faits souvent fort importants à signaler.

Reproduire la première, à quoi bon, quand chacun connaît, soit *de visu*, soit par les collections de *Guides*, les cités françaises, les cités italiennes dont elle s'occupe? Évidemment sa lecture n'aurait offert qu'un faible intérêt, si même elle n'eût provoqué l'ennui.

En ce qui touche la troisième, c'est avec regret que nous la supprimons. Suivre ce pèlerin-gentilhomme sur la terre des Pharaons, pouvait être opportun; et par cela même que nous jugions inutile de l'escorter à son départ, nous aurions aimé à ne le point abandonner à son retour, qu'il effectuait en traversant des pays alors peu visités. Malheureusement, et pour des motifs demeurés un mystère, il déposa la plume avant d'avoir terminé sa tâche; d'où vient que ses notes sur l'Égypte, inachevées, incomplètes, ne sauraient être éditées, et pourquoi, nécessairement, nous laisserons notre voyageur regagner seul son foyer domestique (1).

Un dernier mot, et qu'il soit prononcé par M. l'abbé Soubiranne, l'éloquent rapporteur de l'Œuvre des pèlerinages à Jérusalem, l'ardent propagateur d'une autre

(1) Il rentra en France au mois de mai 1645, comme l'atteste le Certificat de visite des Saints-Lieux qu'on lui délivra à Jérusalem, et qu'à son retour il fit enregistrer au couvent des Cordeliers de Paris, ainsi qu'agissaient habituellement tous les pèlerins. (Voir cette pièce, page 127 du *Voyage*.)

institution catholique non moins généreuse, non moins méritante — celle des Écoles d'Orient :

« Que nos caravanes augmentent — s'écriait à Malines, il y a un an, ce » prêtre si distingué — qu'elles amènent comme autrefois des foules » pressées ; et alors un gardien cupide aura beau se poster à la porte du » Saint-Sépulcre pour exiger un péage : les foules, justement indignées, » balaieront ce percepteur qui spécule sur nos sentiments religieux ; nous » verrons abolir enfin ces droits d'entrée qui remettent en mémoire la » conquête, la capitation, la servitude ; tributs odieux contre lesquels » nous protestons de toute l'énergie de notre âme, non-seulement parce » qu'ils perpétuent l'humiliation des chrétiens, mais surtout parce qu'ils » nécessitent dans nos sanctuaires la présence d'un soldat grossier et » brutal, dont l'attitude est une insulte à nos croyances et un outrage à ce » que nous respectons le plus au monde (1). »

A ce noble vœu si fermement exprimé, nous nous associons sans réserve, rappelant que depuis plusieurs siècles des millions de catholiques n'ont cessé de le formuler. Jusqu'alors les Gouvernements, empêchés probablement par les liens inextricables de la politique, se sont cru dans l'impossibilité d'y obtempérer. Mais actuellement les circonstances semblent différentes....

Oui, si la Fille aînée de l'Église demandait l'abolition d'un tel impôt, nul doute que bientôt on ne cessât de le percevoir.

La France est forte, redoutée ; elle est l'arbitre de l'Europe ; que le nouveau chef qu'elle a choisi, le veuille, et l'entrée du Saint-Sépulcre sera libre.

(1) Congrès de Malines, 1re session, 1863, *loco citato*.

Napoléon III, en arrachant Rome aux mains criminelles qui l'ensanglantaient, qui la souillaient, se montra digne de ses hautes destinées. Pourquoi refuserait-il de faire pour le tombeau du Christ ce qu'il a fait pour la chaire de Pierre le pêcheur, de cet apôtre que le Dieu crucifié nomma son représentant ?...

Un pareil acte devient le complément du premier ; et quand nous manifestons le désir de le voir s'accomplir, nous sommes aussi sincère que nous pensons être dans notre sujet en l'émettant ici, en tête d'un *Voyage à Jérusalem* au cours duquel plusieurs de nos compatriotes, injuriés, rançonnés, battus par les Arabes, par les Turcs, gémiront eux-mêmes du manque d'énergie des Puissances catholiques.

BONNESERRE DE SAINT-DENIS.

Angers, 15 août 1864.

VOYAGE

DE

JERUSALEM ET AUTRES LIEUX SAINCTS

I

De Venise à Saint-Jean-d'Acre.

Raguse. — Corfou. — Zante. — Candie. — Chypre. — Tripoly. — Hus. — Mont Liban. — Kanobin. — Baïrouth. — Giz. — Saïde.

Au nom de Jesvs et de Marie!

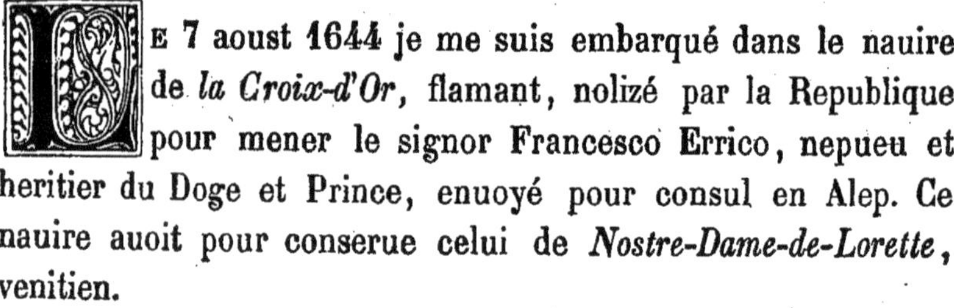

Le 7 aoust 1644 je me suis embarqué dans le nauire de *la Croix-d'Or,* flamant, nolizé par la Republique pour mener le signor Francesco Errico, nepueu et heritier du Doge et Prince, enuoyé pour consul en Alep. Ce nauire auoit pour conserue celui de *Nostre-Dame-de-Lorette*, venitien.

Le 9 nous auons faict voille et suiuy la coste de l'Esclauonye et auons pris langue aux ports de Raguzes et Corfou, où il y a vne forteresse imprenable (1) sur vn roc qui garde le port. C'est

(1) La forteresse « imprenable » qu'on signale ici, c'est celle de *Cattaro,* qui a donné son nom au golfe qui la baigne. Le baron de Beauvau l'avait également admirée en 1615, et l'on en voit même un assez bon dessin dans son ouvrage, intitulé : *Relation journaliere d'vn voyage dv Levant* (1 vol. petit in-4°). Située sur le sommet de la Pella, roche excessivement escarpée, elle commande la rade; mais quoiqu'elle soit munie, à sa base, d'excellents bastions, il ne s'ensuit pas,

en cette Esclauonye que croissent ces bons vins de Romanye et de Maluoisye.

Le 21 nous auons pris port à Zante, où l'on nous a dict qu'il y auoit huict vaisseaux de corsaires d'Alger et de Thunis qui nous attendoient aux ports de Coron et de Modon, de l'Estat du Turc, deuant lesquels il nous falloit passer. C'est pourquoy l'on y a enuoyez vne barque armée pour recognoistre, et l'on a mandé l'armée naualle venitienne, qui nous est venue trouuer. Ce pendant sommes restez audict Zante, qui n'est que comme vn grand village, où l'on ne parle que grec, non plus qu'en Esclauonye. Il est encores de l'Estat de Venise; comme aussy l'isle de Cephalonye, qui est tout vis à vis, où croissent les meilleurs muscats du monde. Ilz sont clairets, mais il y en a peu, aussy sont-ilz fort recherchez. A Zante est le lieu où croissent les raisins de Corinthe, dans vne grande campagne du mesme nom, où ilz disent que, proche, l'antienne Corinthe estoit bastye. C'est vn des grands proffits de cette isle, qui en charge quantité de vaisseaux. Ilz les font seicher sur le lieu et dans la vigne mesme, à platte terre; les vins en sont aussy fort excellens, comme les autres de Zante, qui n'est fertille qu'en cela (1). L'on y conte de Venise 900 mil.

cependant, qu'aujourd'hui surtout la qualification d'imprenable lui puisse appartenir.

(1) *Zante :* Cette île de la mer Ionienne a vu naître la jacinthe, l'une des plus jolies fleurs, d'où vint que les Latins appelèrent ledit lieu, *Zacinthus*. Notre voyageur l'ignora sans doute; mais Châteaubriand le savait, car lorsqu'à son tour il vogua vers Jérusalem, il écrivit sur son carnet, en quittant Zante : « Ses habi- » tants passoient dans l'antiquité pour avoir une origine troyenne.,. ils donnèrent » souvent asile aux Romains proscrits; on veut même avoir retrouvé chez eux » les cendres de Cicéron. Si Zante a réellement été le refuge des bannis, je lui » voue volontiers un culte, et je souscris à ses noms d'*Isola d'oro*, de *Fior di* » *Levante*. Ce nom de fleur me rappelle que l'hyacinthe étoit originaire de l'île » de Zante, et que cette île reçut son nom de la plante qu'elle avoit portée : c'est » ainsi que pour louer une mère, dans l'antiquité, on joignoit quelquefois à son » nom, le nom de sa fille. »

Le 30, appres que nostre barque armée a esté arrivée et qu'elle nous a rapporté que les corsaires estoient partis le jour precedent, nous auons faict voille auecq nostre conserue, accompagnée de douze galleres, dont chacun trois nous remorquoient, et de six autres vaisseaux de l'Archipelle et des enuirons, en sorte que nous estions vingt voilles. Et suiuy la coste de la Morée, qui est le premier pays du Turc; passé près desdicts ports de Modon et Coron, et sommes entrez dans l'Archipelle, où nous auons pris langue en l'isle et royaume de Candye de l'Estat venitien, au port de Retimo, où nous auons laissé nostre conserue, qui y menoit vn proueditеur et vn conseiller en la citté de Candye, qui est la principalle et mestropolitaine du royaume. Les habitans y sont grecs; il y croist d'excellens vins. L'on commence à voir de ces cheures membrannes (qu'ils appellent) auecq les grandes oreilles pendantes; la chair en est bien meilleure que des nostres, et peu se manque du mouton (1). Cette isle

(1) *Candie :* Plus favorisée que Chypre, dont notre voyageur signalera bientôt le climat malsain, cette île mérita, dit en sa *Cosmographie universelle* (2 vol. in-f°) André Thevet qui la parcourut en 1575, « d'estre appelée *Macarie*, ou la Fortunée, » pource que l'air y est si bon et attrempé, que beste venimeuse quelconque n'y » sçauroit viure, si on y en portoit : car d'y en naistre, il ne s'en parle point. » — Quant à ces « cheures auecq les grandes oreilles pendantes, » remarquées par du Rozel, le même Thevet les décrit ainsi : « Il s'en trouue d'vne espèce, que le » vulgaire nomme *Strepsicheros*, que l'on nourrit par grands troupeaux aux mon- » taignes : differentes aux nostres, en ce qu'ils portent les cornes toutes droictes » contremont, et canelées en façon de viz... Et a aussy des boucs, bestes mons- » trueuses à les contempler auecq leurs cornes, desquelles i'en ay veu de *quatre* » *coudées* de long.... »

Quatre coudées — *deux mètres !!* — voilà des cornes qui eussent dû ne jamais demeurer inaperçues; cependant Buffon ne les a pas signalées !... Le divin Horace, passablement satirique à l'occasion, y fit peut-être allusion, lui, lorsqu'un jour il s'écria : Garde à vous ! méchants, j'ai des cornes à votre service !

Cave, cave! namque in malos asperrimus
Parata tollo cornua...

Néanmoins, quoique de telles cornes soient bien de nature à effrayer tous les « méchants, » qu'il reste entendu, Lecteur, que nous ne garantissons nullement qu'Horace, les connaissant, ait eu dessein de les immortaliser.

s'appelloit Crette antiennement; elle a deux cens mil de long et cinquante de large, mais l'on y comprend celle de la Canée, qui joint; et appres auoir costoyé Rhodes en l'Azye-Mineure et suiuy le long d'icelle, sommes passez par le golphe de Satalye (1), où nous auons pris langue. Là sont les plus grands orangiers et cytronniers qu'on puisse voir, qui portent des fruits admirables pour leur grosseur.

Le 6 septembre auons pris port en l'isle et royaume de Cypre, au port des Salines. Ce pays est du Turc; c'est là que nous auons commencé à entendre parler sa langue et viure soubz ses loys, quoyque la pluspart des habitans soient grecs, et à n'entendre plus de cloches, n'estant permis d'en auoir en tout l'Estat du Turc. Ilz ne s'en seruent point à leurs mosquées. Il y a des tours à touttes, sur lesquelles il va vn d'eux crier à haulte voix et de sa force, et appellent ainsy le monde au seruice. Il y a vn consul françois, nommé Claude Janssan, vers lequel on se doibt adresser pour touttes choses, comme en tous les autres ports du Levant; l'on loge ordinairement chez eux, y estant contrainct ny ayant d'autres logis chrestiens, et les Mores ne vous vouldroient recepuoir.

Cette isle est tres fertille en touttes choses; les beaux bledz et bons vins et la viande y sont à meilleur marché qu'en nulle autre part. Le gibier y est tellement commun, que les perdrix, liepures, sangliers et gazelles ny vallent pas tant que le bœuf en France. Les moutons y ont la queue merueilleusement grosse; il s'en trouue qui pezent quelquesfois plus de trente liures; ilz

(1) *Golphe de Satalye* : C'est Satalieh, qu'il faut lire. Le baron de Beauvau, dont la mémoire garda un trop fidèle souvenir des fabuleux récits qu'il entendit en parcourant l'Orient, nous a laissé, sur ce golfe, la naïve légende que voici : « Il estoit anciennement fort dangereux, et ny pouuoit-on passer sans peril de la » vie, y ayant mesme vn Monstre qui faisoit perir les vaisseaux. Mais l'on dict que » saincte Helene retournant de Jerusalem, y ietta vn des cloux de Nostre Seigneur, » et rendit par ce moyen ce Golfe plus paisible et plus asseuré. »

sont sy gras qu'ilz en sont moingts bons; les nostres de France ont meilleur goust. L'on recueille quantité de cottons en cette isle; ilz viennent en des petits arbres, quasy comme des gadelliers ou groiseilliers rouges, et la fueille presque semblable, mais ilz ne sont pas du tout sy haults. C'est aussy le pays des bonnes capres. Il y croist du muscat rouge que l'on garde bon vingt et trente ans; l'on ne le boit ordinairement qu'à quatre ou cinq ans. Enfin ce seroit vn pays de delices, que celuy-là, sy l'air y estoit bon, mais il y est tres mauuais, et c'est la cause pour laquelle il n'est pas peuplé (1). La principale ville est Nicosia, et principal port Famagouste (2). L'on commence à s'y servir de

(1) *Chypre :* Ce lieu manquant de rivières, et possédant au contraire d'immenses et nombreux étangs, ne jouit pas en effet d'un air très-pur; d'où vient que les étrangers ont peine, d'abord, à s'y acclimater. Les indigènes eux-mêmes sont souvent malades; aussi la population de Chypre a-t-elle considérablement décru. Anciennement de deux millions d'habitants, elle n'est plus que de trente mille environ. — L'apôtre Barnabas et l'évangéliste saint Marc, sont nés dans cette île.

(2) *Famagouste* : Lorsque Thevet, dans la seconde moitié du XVIe siècle, séjourna en ce petit port de l'île de Chypre, il y rencontra une pierre tumulaire d'un haut intérêt pour l'histoire des Croisades, puisque les noms des chevaliers étrangers décédés et enterrés audit lieu, y étaient gravés. « Or — lisons-nous au livre VII, » page 202 du tome Ier de sa *Cosmographie* — or, voicy ces noms, sans y rien » changer du langage, ains en la sorte que ie les ay veuz contre marbre blanc, » au Palais de la ville de Famagoste, sçauoir : Robert, comte de Normandie; » Estienne, comte de Bourgongne; Estienne de Valois; Raymond, comte de » Thoulouse; Anselme, dict Richemont; Robert, comte de Flandres; Eustache, » duc de Lorraine; Balduin de Burcho, son cousin; Hugues, comte de Sainct-» Paul; Jourdan, son fils; Regnauld, comte de Selles; Estienne, comte de Carnotte » et de Blesance; Guydo, comte de Calende, seneschal du Roy de France; Guil-» laume de Montpeslier; Gaulthier Dannebault; Gaulthier de Dampierre; Jaques » de Dampierre, son cousin; Guillaume Charpentier; Girard de Roussillon; Pierre » de Lautier; Jaques de Lusignan; Pierre, comte des Ardennes; Jaques du » Brueil; Rogier de Barneuille; Henry Dascot; Gilbert de Montcler; Robert de » Sordeualle; Aubert de Montignon; Josselin de Courtenay; Godiac, comte de » Montagu; Thomas de la Fere; Girard de Sanzé; Gilles de la Roche; Yves de » Chasteaubriant; Gaston de Rahoul; Geoffroy de Chasteauroux.... et quelques » autres qui estoient effacez par l'injure du temps. »

Nous n'avons extrait de la liste de Thevet que les noms de nos compatriotes, car ceux-là seulement devaient nous intéresser. Observons, après les avoir

chameaux, au lieu de nos cheuaux ou mulets de somme. L'on y compte de Zante 400 mil.

Le 11, j'ay laissé le nauire de *la Croix-d'Or* et me suis embarqué sur celuy de *Sainct-Joseph*, venitien, pour aller de droicture à Tripoly en Sirye, et nous sommes mis à la voille ledict jour.

Le 13 sommes arriuez audict Tripoly, qui est le principal port de Sirye, et qui a autresfois esté le meilleur de tout le Levant; mais, à cause d'vne mauuaise action commise par le Bacha du lieu contre les nostres, le Roy de France a faict deffences d'y plus aller. Ce Bacha sceut qu'vn nauire françois auoit apporté beaucoup d'argent, et pour l'auoir fist vne auanye au capitaine, le faisant accuser par ses gens d'estre corsaire, et par vne trahison manifeste manda ledict capitaine en son hostel, qui l'alla trouuer assisté de quarante mariniers que ledict Bacha fist tous esgorger et jetter dans vn puits (1). C'est pourquoy l'on a depuis transporté l'eschelle en Alep, qui est vne des plus belles villes

insérés, que si notre prétention n'a pas été de publier un document complétement inédit, nous pensons toutefois avoir reproduit une pièce fort rare, le vieux cosmographe d'Henri II étant l'unique auteur que nous ayons vu, jusqu'ici, mentionner cette pierre tumulaire.

(1) *Tripoly* : On y rencontrait en 1575 un pacha moins cruel et moins ennemi des chrétiens, que celui dont parle du Rozel; c'est Thevet qui nous l'apprend, et sa version est fort intéressante : « Je n'oublieray icy à vous dire, que estant à » Tripoly, vn premier iour de may, ie fus rencontré du Bascha et de sa troupe de » Janissaires, hors la ville : lequel voyant que i'avois vn liure entre mes mains, » s'arresta tout court deuant moy, me demandant si c'estoit l'*al Coran*, ou bien le » *Zeburth*, ou *Teurapt*, qui sont les liures du Vieil Testament, comme sont les » Psalmes de Dauid et autres Prophètes. Auquel comme ie disse que c'estoit » l'Euangile, il n'eust pas si tost entendu le nom d'*Ingil*, qu'il baisa mondict liure, » et le meit sur sa teste : comme aussi en feirent de mesme plusieurs des siens, » disans que c'estoit vne saincte chose, si les hommes ne la corrompoient point. »

Ce trait méritait d'autant mieux de trouver place ici, qu'il est rare de rencontrer chez des Turcs une semblable tolérance religieuse, et qu'en maintes circonstances l'auteur de notre manuscrit s'en plaindra amèrement, heureux même quand il n'aura pas à avouer que ses épaules ont eu à recevoir des sectateurs de Mahomet quelque brutale bastonnade!

et plus marchandes qu'aye le Grand-Seigneur, estant d'abord de toutes nations (1). C'est là qu'est le consul des François pour la Sirye, nommé Ange Bonnin, qui a son vice-consul en Tripoly, lequel s'appelle Louis Gautier; aussy est-elle la principalle de cette prouince de Sirye. C'est au terrouer d'entour Alep que croissent les pistaches dans de pettits arbrisseaux; elle a son port esloigné de trois journées, qui est Alexandrette ou autrement Scandaronne (2), dans la Natolye ou Petite-Asye. Nous auons commencé à voir en Tripoly les villes bastyes à la turquesque, auecq de petites rues estroictes et les maisons mal basties et plattes par le dessus, et couuertes que de terre. La ville est pourtant assez grande pour le pays : elle a bien deux mil de tour, et quoy qu'ilz tiennent la loy turquesque, ilz n'en parlent pas la langue et ne l'entendent pas mesmes, ains l'arabesque, qui est leur naturelle. Ce pays est abondant en soyes, qui y sont très bonnes et plus estimez qu'es lieux voisins. Il y a de Cypre 150 mil.

A Hammeso (3), antiennement Huz, pres Tripoly, est la ville et sepulchre de Job, où l'on auoit basty vne esglize à present

(1) *Alep* : Cette ville a toujours passé aux yeux des Turcs pour avoir été pendant plusieurs années la résidence du prophète Élisée. Sur quelle autorité reposa leur croyance? Nous l'ignorons; mais il n'en est pas moins certain que remplis de vénération pour ce prophète, ils construisirent sous l'une des portes de la ville, au lieu même où sa demeure se serait élevée, un habitacle mystérieux dans lequel, à la fin du XVIIIe siècle, ils entretenaient encore nuit et jour deux lampes allumées.

(2) *Scandaronne* : Ce n'est pas ainsi qu'on appelait jadis Alexandrette, mais *Scanderona*, ou mieux *Iskanderoun*; et c'est dans l'Anatolie, et non en Natolie, qu'elle est située.

(3) *Hammeso* : Ce nom géographique nous est complétement inconnu; aussi n'eussions-nous pu deviner quelle ville il cachait, sans l'érudition de l'auteur, qui en nommant Hammeso a eu soin de préciser que c'était « antiennement Huz. » Rappelons que Hus est une cité biblique, dont les saintes Écritures ont dit — *Vir erat in terra Hus, nomine Job, et erat vir ille simplex, et rectus, ac timens Deum, et recedens a malo :* Un homme habitait la terre de Hus; on l'appelait Job; simple, droit, et craignant Dieu, il fuyait le péché. — Passage qui confirme l'opinion généralement admise, que ce patriarche si patient fut inhumé à Hus.

mosquée de Turcs. Ilz permettent neantmoingz que les chrestiens y aillent faire leurs prieres, quoyqu'ilz deffendent absolument aux chrestiens d'entrer en leurs mosquées, à peine d'être ampalez ou se faire Turc.

Le 14 au matin je suis allé au mont Liban, à quinze mil de Tripoly, du plus mauuais chemin qui soit au reste du monde, n'estant que rochers et precipices (1). Et apres auoir disné au conuent des peres Carmes qui y sont establys, où ilz nous ont faict boire de tres excellent vin et manger des fruicts exquis qui se recueillent sur lieu, comme figues et autres, sommes allez voir les cedres, qui sont encores à vne lieue de là, desquels l'on ne peult faire conte asseuré, se trouuant tous diuers en nombre. Et les ayant voullu conter, deux fois je ne me suis rencontré, en trouuant la premiere fois vingt et quatre et l'autre vingt et trois, les autres vingt-six, et quelques vngs que dix-neuf et vingt. Il semble que ce soit par vn miracle, chacun en estant de mesme comme nous ont asseuré les peres (2). Ce sont de grands arbres

(1) *Le Liban* : Les chemins qui conduisent au sommet de cette montagne, sont effectivement des plus dangereux; et Lamartine ne les trouva pas moins effrayants que du Rozel, si l'on en juge par les notes spéciales qu'il leur a consacrées dans son *Voyage en Orient* (1832-1833; 4 vol. in-8°) : « Dans les flancs des rochers, » la patience des Arabes a creusé quelques sentiers en gradins de pierre, qui » pendent presque à pic sur le fleuve, et qu'il faut cependant gravir et descendre » à cheval. Nous nous abandonnâmes à l'instinct et aux pieds de biche de nos » chevaux; mais il était impossible de ne pas fermer les yeux dans certains passages, pour ne pas voir la hauteur des degrés, le poli des pierres, l'inclinaison du » sentier et la profondeur du précipice. C'est là que le dernier légat du Pape » auprès des Maronites, fut précipité par un faux pas de son cheval, et périt il y » a quelques années. » — Et plus loin il ajoute : « La montée devient enfin si » rapide, sur des rochers nus et glissants comme du marbre poli, qu'il n'est pas » possible de comprendre comment les chevaux arabes parviennent à les gravir, et » surtout à les descendre;... plusieurs roulèrent sur le rocher, mais sans accident » grave;... cette route, ou plutôt cette muraille presque perpendiculaire, est » horrible.... »

(2) *Les Cèdres du Liban* : C'est en vain que nous avons interrogé les auteurs anciens et modernes, au sujet de cette espèce de mirage toujours ressenti, prétend du Rozel, par ceux qui ont essayé de compter ces beaux arbres; nulle confirmation

assez gros, qui portent leurs fruits sur la branche, au contraire des autres arbres. Ilz sont assez haults sans branches. Le soir sommes retournez au logis des peres où nous auons couché, et le lendemain passé par le village de Canobin, à la maison du patriarche des Maronites, qui estoit depuis peu deceddé. Ilz n'en auoient point encores esleu d'autre. Il y a vne cloche à leur esglize, qui est seulle dans tout le Levant, mais c'est à cause que tout le pays d'allentour est tres peuplé de ces gens, qui sont catholiques, et y a peu de difference de nous. Ilz disent leur messe en langue siriaque; neantmoingz leur parler naturel est arabe. Ilz sont soubz la domination de l'emir Thirbé, Arabe, successeur de l'emir Fuardin, non pas de tous ses Estats ny de sa loy, estant maronite. Et de là sommes revenuz à Tripoly, en tout 40 mil.

Le 16 je me suis embarqué dans la barque d'vn Maronite pour Saint-Jean-d'Acre, mais auparauant que de sortir de Tripoly, il m'a fallu habiller à la turquesque et me faire coupper les cheueux; prendre l'aube ou doliman et le turban, auecq des souliers à la mode du pays, sans chausses ni chaussons, seullement vn simple canneçon sans autre habit, et incontinent auons faict voille et suiuy le long de la coste, et passé par Barut, qui est aussy vn port où nous auons pris langue.

Pres dudict Barut, du costé de Tripoly, est le lieu où sainct Georges desliura la fille du Roy de Thir de la gueulle du dragon, où l'on a basty vne esglize au nom dudict sainct, desseruye par des Grecs ou autrement Georgiens. Contre cette esglize est vn petit fleuue où l'on dict qu'estoit ledict dragon, dans vne fosse que l'on a nommée depuist du nom dudict sainct (1).

dudit fait ne nous est apparue. Aujourd'hui, vouloir le vérifier sur les lieux serait difficile, puisqu'en 1832 M. de Lamartine disait des mêmes cèdres : « Ils diminuent chaque siècle; les voyageurs en comptèrent jadis trente ou quarante; plus » tard, dix-sept; plus tard encore, une douzaine : *il n'y en a plus que sept*, que » leur masse peut faire présumer contemporains des temps bibliques. »

(1) *Sainct Georges et le Dragon:* Pure fable, que cette histoire racontée depuis des siècles par la crédulité et souvent acceptée des voyageurs qui comme du Rozel

Et suiuant nostre chemin le long de la coste auons passé au village de Giz, par le lieu où le prophete Jonas fut vomy par la balayne qui l'auoit englouty, dans le ventre de laquelle il fut

ont le respect des pieuses légendes. On peut les en féliciter, mais on doit, en cas pareil, à côté de la fiction placer la vérité, lorsqu'elle vous est connue. Jean Thevenot et André Thevet, géographes estimés, ne l'ont sans doute pas soupçonnée, car dans le *Voyage du Levant* imprimé par le premier en 1656, et dans la *Cosmographie universelle* du second, publiée, nous l'avons déjà dit, en 1575, il est également question de saint Georges et du dragon. Thevet, le plus loquace à leur endroit, raconte ainsi leur combat et ses conséquences :

» A Baruth, il s'y voit vne fort belle église fondée de S. Sauueur, bastie par les » Chrestiens Latins, qu'ils tiennent encores à présent. C'est vn lieu de grande » deuotion, et où il fut vn iour fait vn si grand miracle par la volonté de Dieu, » que tous et chacuns les Juifs qui demeuroient dans la ville, furent conuertiz, » et receurent nostre saincte Foy, auec le Baptesme. Mesmes l'on dit qu'il y auoit » vne antiquaille dressée, representant S. George combatant contre le Dragon, et » deliurant la fille du Roy : mais ie ne sçay où ce fut, et ne s'en voit vne seule » enseigne ou marque : combien que l'on tient pour tout asseuré, que le miracle » aduint à demie lieuë de la ville, au pied d'vne montaigne qui lors estoit peu- » plée de bois. »

Voilà mot pour mot la version de notre gentilhomme. Donnons maintenant la nôtre, qu'il nous a semblé bon d'emprunter aux meilleures sources, aux *Vies des Saints* que le R. P. Jean Croiset, de la Compagnie de Jésus, faisait paraître à Lyon (2 vol. in-f°) en 1723 :

« On peint d'ordinaire saint George en Cavalier qui attaque un Dragon pour la » défense d'une fille qui craint d'en être dévorée ; *mais c'est plûtôt un symbole* » *qu'une histoire*, pour dire que cet illustre Martyr a purgé sa province, repré- » sentée par cette fille, de l'idolâtrie, qui est figurée par ce Dragon. Comme pres- » que tout a dégénéré chez les Grecs, la vénération singuliere qu'on avoit à ce » grand Saint, s'est changée en certains endroits en des *superstitions tout-à-fait* » *ridicules : c'est dans ce sens qu'on doit lire les fables grossieres que racontent* » *certains voyageurs visionnaires, à l'occasion de nôtre Saint.* »

La vérité est là, et l'éminent jésuite se montre sage en le déclarant. Que gagnerait donc la Judée à voir se perpétuer de telles imaginations?.... N'a-t-elle pas un fonds historique assez riche en faits religieux et militaires, pour qu'il soit utile de lui conserver encore un domaine au pays des chimères?.... Marcher vers l'absurde, c'est marcher vers le doute ; et rien n'est aussi dangereux, quand on foule surtout cette terre privilégiée.

Ajoutons que *Barut*, dont le nom, pour être correctement orthographié, doit s'écrire Baïrouth, jadis fut appelée *Julia* : l'Heureuse ! et à juste titre, car elle était puissante, agréable, forte. Mais actuellement il n'en est plus ainsi : la main de Dieu a comblé son port, la main des hommes a renversé ses monuments, ses murailles. Disons enfin, au grand déplaisir des amateurs du merveilleux, qu'il

miraculeusement conserué (1). L'on y a basty vne petite chappelle en forme de dome, fort basse, deseruye par des Maronites y venant de la montaigne.

Le 17 auons pris port à Sayde, antiennement Sidon, qui est encores vn port de la Sirye des plus hantez du Leuant, à present. Il y a quantité de marchands françois, c'est pourquoy le consul de la nation pour la prouince de Palestine et Galilée, qui en sont proches, y reside au lieu de Sainct-Jean-d'Acre, lequel s'appelle Philbert de Bermond. Il y a quantité de soye en ce lieu. Sainct Paul y demeuroit quant il alla en Jerusalem. Ilz sont les premiers inuenteurs des galleres et vaisseaux de rame (2). Zabulon, fils de Jacob, y est enterré, son tombeau est dans vne mosquée où les Turcs permettent qu'on entre.

Le 19 nous nous sommes rembarquez et auons suiuy nostre chemin le long de la coste jusques en Acre, où nous sommes arriuez le lendemain. J'ay esté contrainct y rester quelques jours au logis du vice-consul, qui est nommé Jacques Vantibergne, pour me faire medicamenter d'vne fiebure continue qui m'auoit pris par les chemins. On y compte de Tripoly 200 mil.

deviendrait inutile, en visitant Baïrouth, de s'enquérir « du *chien taillé en marbre, » qui, y voyant venir les nauires estrangers, abbayoit,* » nous affirme Thevet, pour avertir les gardiens du port, ce vigilant Médor appartenant très-certainement au règne animal d'où nous est sorti le dragon de saint Georges. — Lecteur, n'est-ce pas là votre avis?

(1) *Giz* : Ce village peut être « le lieu où le prophète Jonas fut vomy par la « baleine; » nous ne disons pas non. Seulement, nous rappelant parfaitement le texte saint — *Et dixit Dominus pisci, et evomuit Jonam in aridam :* Dieu parla aux poissons, et Jonas fut rejeté sur la plage — nous sommes étonné qu'on ait essayé de l'annoter, de le compléter. L'Écriture n'offre effectivement aucun passage qui puisse donner un semblant d'autorité à l'opinion émise ici. Et d'ailleurs les traditions du pays ne sont pas elles-mêmes d'accord à ce sujet, puisque le baron de Beauvau, lui, prétend que les « Mores croyent Jonas estre sorty de la « baleine à Asot. »

(2) *Sayde* : On attribue également aux Saïdoniens l'invention du verre.

II

De Saint-Jean-d'Acre à Nazareth.

SAINT-JEAN-D'ACRE. — CAÏPHA. — MONT CARMEL.

SAINCT-JEAN-D'ACRE, antiennement Ptolemaïde, a esté belle et grande ville, et bien bastie, où les cheualiers de Jerusalem, dont l'Ordre est à present à Malte, faisoient leur residence (1). Il sy void encores de belles ruines de leurs logis et de celuy du Grand-Maistre, mesmes des esglizes de Sainct-Jean et Sainct-André, qu'ilz y auoient faict ediffier. La ville estoit bien cloze de bonnes murailles, mais tout est à present ruiné; le consul ny demeure mesmes pas, comme j'ay dist : il ny a qu'vn vice-consul. Ce port est le principal de la prouince de Galilée, quoy qu'aucuns veullent dire qu'il est de la Palestine. Il est vray qu'il en est bien proche; les bledz y sont extresmement bon marché, y abordant en quantité de touttes ces deux prouinces, mais plus de Galilée, qui a la plaine de Nazaret et la campagne de Genin qui en produisent monstrueusement. La principalle ville de cette Galilée est Jaffet, qui est bien loing en terre, vers le Jourdain.

(1) *Sainct-Jean-d'Acre :* Ce fut en ses murs que mourut (1144) Foulques V, roi de Jérusalem et comte d'Anjou. « Courant un lieure aux plaines de ceste ville, il » tomba de cheval et se rompit le col, » dit le baron de Beauvau.

Le 23 septembre j'ay quitté la mer et me suis resolu d'aller, Dieu aydant, en Jerusalem par terre, afin de voir quantité de lieux saincts qui sont sur et es enuirons des chemins, quoy qu'il y aye grand danger (et en effet je ny vouldrois pas retourner, veu celuy que j'ay encouru). Et ayant laissé mes hardes et petit bagage au logis dudict vice-consul pour les faire tenir à Rama (1), en celuy du procureur du conuent de Jerusalem, où il me falloit passer en retournant, j'ai pris vn truchement sans quoy l'on ne peult marcher en ce pays, et me suis acheminé sur vn sommare, qu'ils appellent, et nous vn asne (ce sont là les monteures ordinaires des chrestiens), vers le mont Carmel, suiuant le riuage de la mer. Et approchant du pied dudict mont d'enuiron vn mil, auons passé par Caypha, qui estoit autresfois vn bon port de mer, mais à present tout y est ruiné (2). C'est là que j'ay commencé à sentir vn eschantillon des tyrannyes que les Turcs et Mores exercent contre les chrestiens, des caphares (*tributs, droits de passage*) qu'ilz leur font payer en chaque lieu. Ilz en exigent là vne piastre par homme qui vient par terre, et deux de ceux qui viennent par mer, lesquelles ilz vont recepuoir au mont Carmel, aux grottes des religieux, qui sont tenuz de leur en faire bon, en cas que les pelerins n'eussent de quoy payer ou qu'ilz ne les eussent veu passer. Et

(1) *Rama* : Souvent aussi appelée Ramla, et Rhamata. Ville assez importante, elle s'élève sur la route de Jaffa à Jérusalem, ce qui la rend très-passagère; quarante kilomètres la séparent de la Cité Sainte. Mme de Lamartine — que la mort vient d'enlever — a dit dans le *Voyage* de son mari : « On y voit encore quelques » tombeaux du temps des Croisés; mais la nuit m'empêcha de les visiter. » Nous regrettons vivement de n'être pas à même de donner ici, comme nous l'avons fait page 17, les noms des personnages enterrés en ce lieu, surtout si ces preux chevaliers appartenaient à notre nation.

(2) *Caïpha* : Divers géographes affirment que ladite ville, détruite alors qu'elle se nommait Porphyria, fut reconstruite par le grand-prêtre qui condamna Jésus à être crucifié — par Caïphe. Version assez croyable, eu égard au nom que porte encore cette localité.

enfin sommes arriuez audict mont auecq lesdicts caphariers ou caphargis, qui nous y ont suiuys, vers lesquelz je me suis acquitté de ce droit deuant les peres, affin qu'ilz ne leur peussent plus demander. L'on y conte d'Acre par terre 12 mil.

Le mont Carmel est sur le bord de la mer, fort long, qui a enuiron vn mil de saillye. Ça esté de tout temps vn refuge et demeure des prophetes et anciens seruiteurs de Dieu, aussy ne sont-ce que deserts et precipices et grottes en quantité de lieux. Sur le hault, au bout qui borde la mer, est celle de sainct Elye, prophete. Il y entroit par vn trou qui est dessus; mais depuis l'on y a faict vne porte, et au lieu où il se couchoit vn autel où l'on dict la messe. Au deuant est la place où, par deux fois, les soldats que le roy de Tyr enuoyoit pour prendre sainct Elye ont esté brulez par le feu du ciel, qui tomboit miraculeusement sur eux. La Vierge venoit souuent en ce lieu, suiuant les relations qu'on trouue dans le pays, à laquelle l'on a, premier en ce lieu qu'en tout autre, dedié vne chapelle, que l'on auoit faicte sur la grotte de sainct Elye, estant l'an 7 de la resurrection de Nostre Seigneur, à present ruinée; les murailles y sont encores. Pres de là est le conuent et esglize qui y auoient esté bastys par les religieux de l'Ordre, à present en ruine, depuis que sainct Louis emmena les religieux qui y estoient, en France, à cause des persecutions des infidelles (1). Les religieux qui sont

(1) *Le mont Carmel et les Carmes* : Saint Louis, ainsi que l'avance du Rozel, n'emmena pas en France, pour les soustraire aux persécutions des Mahométans, *tous* les religieux qui habitaient le couvent du mont Carmel. Non. Touché de leur piété, de leur abnégation, il en choisit simplement quelques-uns, et les mit à même, en 1238, de s'établir dans son royaume. Pour les autres, ils demeurèrent en Palestine et continuèrent d'y accueillir avec dévouement les pèlerins de toutes les nations. — Doubdan, qui dans son *Voyage de la Terre-Sainte* (1651) s'est longuement occupé du Carmel, dit que « Sa cime est une grande campagne de cinq » lieuës de traverse, toute couverte d'arbrisseaux, de bocages et de bois taillis; et » que les Religieux qui y demeurent lui ont assuré qu'elle avoit de circuit, par le » pied, soixante et dix milles, soit vingt-trois lieuës, et appartenoit jadis à leurs

maintenant audict mont n'ozent encores à present y faire d'habitations, crainte de la course des Arabes ; c'est pourquoy ilz ont faict de petites grottes en terre, comme au milieu de la saillye dudict mont, du costé de la mer, où les cheuaux desdicts Arabes ne peuuent aller, et ilz ne vont gueres qu'où leurs cheuaux les peuuent porter; auquel lieu il habite quatre pauures religieux dudict Ordre des Carmes, dans chacun vne grotte, comme des hermites ; aussy viuent-ilz de mesmes et ont de plus l'austerité des Chartreux, ne se parlent que le dimanche, et ne mangent point de viande ny boyuent de vin ; neantmoingz ilz nous ont assez bien accommodez, estans la nuict restez auecq eux dans leurs grottes.

Le lendemain matin, appres m'estre reconcilyé et mis au meilleur estat qu'il me fust possible, et auoir entendu la messe dans leur petite chappelle, qu'ilz ont faicte aussy dans vne grotte en terre, le pere Prospere me donna leur petit habit ou scapulaire, en commemoration de celuy que la Vierge a donné à l'instituteur de leur Ordre, aux charges dudict institud, lesquelles obsmettant, il m'a dict ny auoir aucun peché, et, les faisant, je participperois aux prieres de tout ledict Ordre et aux indulgences y attribuées.

Ce mesme jour, qui est le 24, je suis party auecq mon truchement et vn guide que j'ay pris là pour nous conduire à Nazaret, et auons passé le long dudict mont par les grottes où ces quatre religieux vont le caresme faire leur quarantaine, portant auecq chacuns d'eux ce qui leur faict de besoing. Ce sont

» predecesseurs, avec tous les villages des environs. » Ajoutons que la hauteur de cette montagne est de 1,000 mètres et que la création dudit Ordre remonte à la fin du XIIe siècle. Il y avait bien antérieurement, et depuis l'an 400, de pieux frères sur le Carmel ; mais, simples ermites, aucun lien ne les rattache, comme règle ou discipline, à ces derniers, qui les y remplacèrent, et furent peu après, en 1227, reconnus par le pape Honorius III.

des deserts, je croy les plus affreux qui soient au monde, où les tigres et lions sont fort communs. Lesdicts religieux disent y voir encores d'autres bestes bien plus hideuses. A l'autre bout dudict mont est le conuent où ledict Ordre a esté institué, qui estoit fort bien basty. Il y auoit plus de quatre cents grottes remplyes de religieux. De là, auons suiuy nostre route, et enuiron à moityé chemin, dans vne campagne, à vne fontaine où nous nous estions arrestez pour boire, neuf Arabes, dont quatre bien montez, les autres de pied, tous armez de flesches, lances et arquebuzes à mesche, sont venuz à nous, feignans nous demander la caphare d'vn vilage là aupres, où ilz disoient que nous auions deub passer. Et ayant saisy la bride de nos monteures, ont commencé à charger mon truchement d'vne vingtaine de coups de baston, et mon guide d'aultant, ausquelz ilz ont demandé que je leur donnasse cent piastres. Mais le truchement leur ayant dict que je ne portois aucuns deniers et que j'estois vn pauure pelerin qu'ilz menoient par charité à Nazaret, ilz auoient recommencé à luy charger les espaules; ce qu'ayant continué, sur ses responses, jusques à vne troisiesme fois, il leur ouurit sa bourse et leur donna trois piastres qui y estoient; et voyant venir du monde, et considerant qu'ilz estoient trop proche d'vn vilage pour faire leur coup, ilz conclurrent entr'eux de nous laisser et nous aller garder dans vn bois et desertz là proche, où estoit nostre chemin. Puis ayant pris la poste et s'estans vn peu destournez, ilz nous firent feinte; de quoy nous fusmes aduertys par vne pauure femme grecque que nous rencontrasmes, outre le soupçon que nostre truchement en auoit. C'est pourquoy il nous a faict prendre vn autre chemin où nous auons passez des deserts et precipices où il nous falloit porter nos monteures, au lieu qu'ilz nous portoient auparauant. Et ainsy nous auons, auecq l'ayde de Dieu, esuité la fureur de ces voleurs, et n'auons laissé d'arriuer le soir vn peu tard à Nazaret, où incontinent estre descenduz, nous l'en auons remercyé, et la bonne Vierge, que j'auois tousjours inuoquée, les Peres nous ayant dict vn *Salue* en sa chappelle, au lieu où estoit sa propre maison, et de là nous ont menez en chacun vne celule pour nous reposer, en attendant qu'ilz nous accommoderoient à soupper; et là j'ay rendu les trois piastres à mon truchement, n'estant raisonnable qu'il eust souffert tant de coups pour moy, puis desbourcé son argent sans luy rendre. Je l'ay outre payé de son voyage et nostre guide, et leur aye donné congé. L'on conte 20 mil du mont Carmel à Nazaret, mais par le chemin qu'auons faict il y en a bien 24.

III

De Nazareth à Jérusalem.

NAZARETH. — MONT THABOR. — MONT DES BÉATITUDES. — MER DE GALILÉE. — MONT NAÏM. — GENIN ET SA MONTAGNE. — SÉBASTE. — NABULOZE. — PUITS DE LA SAMARITAINE. — BÉTHEL. — BIRRA.

NAZARET a esté autresfois vne des plus belles villes de Galilée; elle estoit scituée sur vne montagne; mais à present il ny a plus qu'vn chetif village dont les maisons ne sont la pluspart que grottes faictes sur le costeau dudict mont, au bas duquel vilage est le conuent des religieux, mesmes qu'en Jerusalem, d'où ilz sont tirez, qui a esté fort grand, où estoient quantité de religieux qui auoient vne fort belle esglize bastye sur la mesme place où estoit la saincte caze de la Vierge, où le mystere de nostre redemption s'est operé, qui est l'incarnation du Verbe; mais à present tout est ruiné, et ny a plus qu'vne petite chappelle sur la place de la dicte saincte caze, où y a trois autels. Il sy void encores deux belles colonnes de marbre fort rare, qui sont l'vne au mesme lieu où estoit l'ange, quant il fist la salutation, et l'autre à l'entrée où estoit la Vierge, luy faisant responce; et dans la place où estoit la fenestre par laquelle l'ange entra, il y en a encores vne autre. Les Turcs ont rompu à enuiron deux piedz de la terre celle du lieu où estoit la Vierge, croyant qu'il y eust de l'argent dedans, et le hault s'est merueilleusement tenu suspendu par le chapiteau à la voulte. Le conuent est aussy presque tout abattu, et ny a plus que trois pauures religieux qui sont journellement persecuttez par les Turcs, qui leur viennent tout rompre et emporter ce qu'ilz ont (1). L'on void encores dans ce vilage deux

(1) *Les religieux sont journellement persecuttez par les Turcs* : Presque tous les voyageurs qui ont foulé la terre d'Orient ont flétri avec énergie, dans leurs ouvrages, les déprédations, les mauvais traitements dont les Turcs se sont montrés prodigues envers les religieux de la Palestine; nous avons donc été fort surpris de voir M. de Lamartine, parlant précisément du couvent de Nazareth, qui excite ici la pitié de du Rozel, tenir le langage suivant :

« Les pères latins y exercent aussi librement, et avec autant de sécurité et de » publicité, les cérémonies de leur culte qu'ils pourraient le faire dans une rue de » Rome, capitale du Christianisme. *On a, à cet égard, beaucoup calomnié les Musul-* » *mans. La tolérance religieuse, je dirai plus, le respect religieux sont profondément* » *empreints dans leurs mœurs.* Ils sont si religieux eux-mêmes, et considèrent » d'un œil si jaloux la liberté de leurs exercices religieux, que *la religion des* » *autres hommes est la dernière chose à laquelle ils se permettent d'attenter.* »

En présence d'un passé attesté par l'histoire, en présence des flots de sang chrétien versés ces derniers temps dans le Liban et la Syrie par le fanatisme turc, qui pourrait ne pas s'inscrire contre une telle appréciation?..... La poésie a ses licences; le chantre d'*Elvire* le sait, et nul n'a trouvé mauvais qu'il en usât à l'occasion; mais quand il oublie que l'histoire exige un jugement froid, impartial, uniquement basé sur les faits, il faut bien le lui rappeler.... Châteaubriand, lui, ne prit pas des Turcs, en 1806, une aussi bonne opinion; écoutez-le les accuser :

« Parmi les ruines de Jérusalem vivent des religieux chrétiens que rien ne peut » forcer à abandonner le tombeau de Jésus-Christ, *ni spoliations, ni mauvais* » *traitements, ni menaces de la mort.... Dépouillés le matin par un gouverneur* » *turc*, le soir les retrouve au pied du Calvaire..... *Pressés par le bâton et par* » *le sabre*, les femmes, les enfants des chrétiens se réfugient dans les cloîtres de » ces solitaires, qui se privent des dernières ressources de la vie pour racheter » leurs supplians. »

Et ailleurs l'illustre écrivain consigne cette autre note en son *Itinéraire* :

« La veille même de mon arrivée à Jaffa, le Père Procureur de l'Hospice *avoit* » *été menacé de la corde par un domestique de l'Aga*, en face de l'Aga même. » Celui-ci se contenta de rouler paisiblement sa moustache, sans daigner dire un » mot favorable au *chien*. Voilà le véritable paradis de ces moines qui, selon quel- » ques voyageurs, sont de petits souverains en Terre-Sainte, et jouissent des plus » grands honneurs. »

Il reste donc parfaitement avéré que de du Rozel à Châteaubriand, c'est-à-dire en tout le cours d'un siècle et demi, la haine, les rapines, les cruautés des Turcs envers les Chrétiens n'ont en rien diminué. Et nous tenions d'autant plus à le constater, qu'à la louange de notre civilisation, la tolérance, la liberté religieuses, ainsi méconnues en Orient, sont, au contraire, noblement respectées chez les Occidentaux.

sinagogues où Nostre-Seigneur a presché, de l'vne desquelles les Turcs ont faict vne mosquée et de l'autre vne maison. Il n'est permis aux chrestiens dy entrer. Au hault dudict vilage, quasy sur le mont, y a vne grosse pierre où Nostre-Seigneur a plusieurs fois mangé auecq ses apostres, et aupres y a vne fontaine où ilz beuuoient. Et tout au bas et à l'autre bout dudict vilage est la fontaine où l'on dict que la Vierge alloit lauer ses linceuls. Elle sert encores au public et l'eau en est fort bonne, aussy en auons-nous beu auecq delices et cela à diuerses foys.

Ce pays est fertille en bons bledz qui y sont à grand marché. Il le seroit bien aussy en fruicts et autres choses, mais les Mores et Arabes rompent tout, et ne peult-on rien ediffyer. Le gibier y est fort commun; les perdrix ny vallent qu'vn maidin, qui sont sept liarts de France, et le plus souuent moingtz. Il sy paye vn quart de piastre de caphare par pelerin, dont les peres sont responsables au caphargy. L'on ne mange point de bœuf, vache ny veau dans tous ces pays, quoy qu'il y en aye grande quantité. Les Mores et les Arabes tiennent que c'est vn grand peché d'en tuer; c'est pourquoy ilz le deffendent. Ilz ayment mieux les laisser mourir de vieillesse et manger aux chiens, et ne les escorchent mesmes pas.

Le 25 je suis allé auecq les peres et truchement du conuent au lieu où les Juifs voulurent precipiter Nostre-Seigneur, à deux mil de Nazaret, entre deux montagnes (1). Sur le bord de la

(1) *Lieu où les Juifs voulurent precipiter Nostre-Seigneur :* C'est bien là le récit de saint Luc — *Et venit* (Jésus) *Nazareth.... Et ejecerunt illum extra civitatem; et duxerunt illum usque ad supercilium montis, super quem civitas illorum erat ædificata, ut præcipitarent eum. Ipse autem transiens per medium illorum, ibat; et descendit in Capharnaum :* Et Jésus vint à Nazareth.... et ils (les Juifs) l'en chassèrent; puis le conduisant sur le sommet de la montagne aux flancs de laquelle se voyait leur ville, ils eurent dessein de l'en précipiter. Mais lui, passant au milieu d'eux, s'en alla, et descendit en Capharnaüm. — Un voyageur qui a eu la manie de

campagne il sy void plusieurs ruines d'vn conuent que saincte Heleyne (1) y auoit faict bastir, et sur le mont y a eu vn conuent de filles où y a apparance d'y auoir eu vne grande esglize que ladicte saincte Heleyne y auoit faict bastir à cause, dict-on, que la saincte Vierge y alloit souuent faire oraison. De là sommes reuenus au conuent; en tout y a 4 mil.

Le 26 j'ay pris ledict truchement et vn guide pour me mener au mont Tabor, où Nostre-Seigneur se transfigura auecq Moyse et Elye (2). Les chemins sont fort dangereux, c'est pourquoy

vouloir tout expliquer (c'est Doubdan ou Thévenot) a dit en parlant de ce fait : « La plus commune opinion est que Jésus ayant aveuglé les Nazaréens se laissa » ensuite couler doucement le long de la roche, qui est droite comme un mur, » et se retira dans une petite grotte qu'on trouve au bas du précipice.... » Ne voilà-t-il pas un ingénieux commentaire?... Ah! présomption humaine, qui ne reconnaît ici ton langage!

(1) *Saincte Heleyne* : Cette femme célèbre, à laquelle Jérusalem et la Galilée doivent tant de pieux et remarquables monuments, naquit en 247, en Bithynie. Issue de parents païens qui tenaient, dit saint Ambroise, une hôtellerie à Drepani, sous les murs de Nicomédie, elle gagna par les charmes de sa personne et de son esprit le cœur de Constance Chlore, qui l'épousa vers 266, et se vit obligé de la répudier plus tard, lorsque Dioclétien l'eut nommé césar. Mais elle en eut un fils, Constantin Ier, dont le respect et l'amour lui furent à jamais acquis. Aussi, parvenu à l'empire, voulut-il que sa mère habitât la cour et jouît des honneurs dus à une impératrice. Ce fut alors qu'à l'exemple de cet illustre souverain elle embrassa le christianisme, protégea les chrétiens, et l'an 325 visita les lieux saints. Là, pleine d'un noble zèle, elle éleva des couvents, des églises, fouilla Jérusalem, y retrouva la croix, le sépulcre de Jésus, enfouis, profanés par les idolâtres, et sous ses yeux fit bâtir, pour les recevoir, le grandiose édifice qui renferme encore aujourd'hui le Tombeau du Christ. Puis peu après, en 327, se sentant mourir et se rappelant qu'elle était née loin de Jérusalem, Hélène quitta la Palestine pour gagner Nicomédie, où l'empereur son fils accourut la rejoindre. Elle s'y éteignit doucement, âgée de 80 ans, en recommandant à Constantin ses pieuses fondations. On vit donc ainsi — témoignage manifeste de l'instabilité des choses humaines — son cercueil entouré des pompes de la royauté, là précisément où son berceau n'était apparu, lui, qu'infime et obscur.

(2) *La transfiguration* : M. de Lamartine ne croit pas que le Thabor ait été témoin de la transfiguration, si grandiosement peinte par Raphaël; il dit : « C'est » une chose improbable, parce qu'à cette époque le sommet du Thabor était » couvert par une citadelle romaine. La position isolée et l'élévation de cette

nous sommes party vne heure appres minuict, affin de passer deuant le jour les camps des Arabes pour esuiter leurs courses, portant auecq nous ce qui nous faisoit besoin pour boire et manger. Sommes arrivez au pied dudict mont à la pointe du jour, et ayant laissé nos monteures au vilage qui y est, sommes montez bien enuiron deux bons mil de chemin fort difficille, ny en ayant point de battu, estant le plus souuent besoing se seruir des mains et des piedz; et enfin, estant arrivez au hault dudict mont, j'ay trouué qu'il est en forme ronde, scitué dans la campagne de Nazaret, et quantité de bocage sur ses costeaux. Il y a eu vne petite ville dessus, où saincte Heleyne auoit faict bastir de beaux conuents d'hommes et filles auecq de magnifiques esglizes dont il se void de belles ruines. Tout estant desmoly et sans aucune habitation de personne, l'on descend soubz ces ruines, où l'on void trois niches voultées, aux mesmes endroictz dict-on qu'estoit Nostre-Seigneur lorsqu'il se transfigura, et ceux où Moyse et Elye apparurent. Saincte Heleyne les auoit faict bastir en memoire des trois tabernacles que sainct Pierre dict à Nostre-Seigneur qu'on y bastit. Le lieu où il estoit auecq sainct Jean et sainct Jacques se remarque aussy. Il y a apparance d'auoir eu sur ces lieux vne grande esglize bastye et bien eslabourée. Il se trouue encores quantité de pierres eslabourées en beau relief. Pres de là est vne belle cisterne, entaillée dans le roc, où il y a quantité d'eau. Il y en a encores deux autres sur ledict mont, outre des estuues encores touttes voultées auecq les cuues et canaux, touttes presque en leur entier. Et appres

» charmante montagne, qui sort comme un bouquet de verdure de la plaine d'Es-
» draëlon, l'aura fait choisir, dans le temps de saint Jérôme, pour le lieu de
» cette scène sacrée. » — Ce doute de l'illustre écrivain ne nous paraît mériter aucune attention; et si nous le consignons, c'est précisément pour montrer que nous sommes loin de le partager. En quoi donc la présence d'une citadelle romaine sur le Thabor, y eût-elle pu rendre impossible la Transfiguration?.... On ne saurait véritablement se l'expliquer.

auoir vn peu desjeusné sur le bord de ladicte cisterne, où nous auons, ayant porté vne corde et vn vaisseau à cet effet, tiré de l'eau, qui est fort bonne, nous sommes descenduz audict vilage, qui porte le nom de Tabor, comme ledict mont, où il nous a fallu payer la caphare, qui est la demye piastre par pelerin.

Ayant repris nos monteures, sommes allez au mont de Beatitude, ainsy nommé parce que Nostre-Seigneur y a institué les sept beatitudes (1); et est encores là qu'il a miraculeusement rasasyé cinq mil hommes de cinq pains et de deux poissons. Ce mont est aussy scitué en platte campagne, mais non sy hault ny difficille à monter que celuy de Tabor. Il est tout descouuert, l'on void facillement de dessus la mer de Galilée où les Apostres preschoient quant ilz ont esté appelés à l'apostolat. Neantmoings j'ay eu la curiosité dy aller jusques sur le bord. Les Apostres demeuroient en des vilages, dont ilz estoient natifs, autour de cette mer. C'est là que Nostre-Seigneur a esleu sainct Pierre chef de l'Esglize. Cette mer est petite; il y a dict-on assez de poisson; mais les Mores ne peschent point, ny Arabes. Le fleuue du Jourdain, où Nostre-Seigneur a esté baptysé par sainct Jean, sy vient rendre.

De là nous sommes reuenuz par le mont Nain, appellé en ces pays Zain, au pied duquel est vn chetif vilage où Nostre-Seigneur resussita l'enfant de la veufue (2). Nous nous y sommes vn peu arrestez pour manger quelques viures qui nous restoient sur le bord d'vne fontaine, puis auons repris le chemin de Nazaret, où nous sommes arriuez bien tard. L'on paye vne piastre

(1) *Les sept beatitudes :* Notre voyageur en oublie une, car Jésus en énuméra *huit*, ainsi que le rapporte l'Evangile, aux versets 3-10 du cinquième chapitre de saint Matthieu.

(2) *Le mont Nain, ou Zain :* Ici l'auteur se trompe; mais la rectification sera facile, saint Luc, en son chapitre VII, disant que ce fut aux portes d'une ville nommée *Naïm* qu'eut lieu la résurrection du fils de la veuve.

audit truchement, demye à l'homme de pied, et demye pour vostre monteure. L'on conte en tout le chemin, 45 mil.

Le 27 je suis party, enuiron sur le midy, de Nazaret pour Jerusalem auecq le truchement ordinaire du conuent et vn moucle (1) ou homme de pied, ausquelz l'on donne seize piastres, tant pour vous fournir de monteures, porter vos hardes et payer les caphares, portant auecq nous les viures que nous croyons nous faire besoin, tant du boire que du manger, mesmes de l'eau, n'en trouuant que rarement sur les chemins, ny de lieux pour coucher, estants contraincts de reposer la nuict soubz vn arbre, sy vous en trouuez, sinon en platte campagne ou dans les hams (2), quand vous en rencontrez, mais bien peu (ce sont comme des cours carrées entourées de murailles), ny en ayant

(1) *Moucle :* C'est *moukre* qu'il faut lire.

(2) *Dans les hams :* Du Rozel a voulu dire, bien évidemment, dans les *kans*, étranges auberges de l'Orient décrites comme suit par M. de Lamartine :

« Un kan, c'est une cabane dont les murs sont de pierres mal jointes, sans » ciment, et laissant passer le vent ou la pluie ; ces pierres sont généralement » noircies par la fumée du foyer, qui filtre continuellement à travers leurs inter- » tices. Les murs ont à peu près sept ou huit pieds de haut ; ils sont recouverts » de quelques pièces de bois brut avec l'écorce et les principaux rameaux de l'arbre ; » le tout est ombragé de fagots desséchés qui servent de toit. L'intérieur n'est » pas pavé ; et, selon la saison, c'est un lit de poussière ou de boue. Un ou deux » poteaux servent d'appui au toit de feuilles, et on y suspend le manteau ou les » armes du voyageur. Dans un coin est un petit foyer exhaussé sur quelques » pierres brutes ; sur ce foyer brûle sans cesse un feu de charbon, et une ou » deux cafetières de cuivre toujours pleines de café épais et farineux, rafraîchisse- » ment habituel et besoin unique des Turcs et des Arabes. Il y a ordinairement » deux chambres semblables à celle que je viens de dépeindre. Un ou deux Arabes » sont autorisés, au prix d'une redevance qu'ils paient au pacha, à faire les hon- » neurs de cette hospitalité, et à vendre du café et des galettes de farine d'orge » aux caravanes..... Le plus souvent on ne trouve ni riz ni mouton à acheter dans » ces kans, et l'on se contente de galettes et de l'eau excellente et fraîche qui ne » manque jamais dans leur voisinage.... »

Voilà qui doit réconcilier avec nos hôtelleries, dont on a souvent médit, les touristes, les étrangers en cours d'exploration sur le sol français, car le plus chétif village possède, chez nous, un logis quelconque où le voyageur est toujours certain de trouver le vivre et le couvert, et généralement la propreté.

qu'vn seul de Nazaret en Jerusalem, où l'on compte 90 mil.

Le soir sommes restez au vilage de Genin (1), où il nous falloit payer la premiere caphare. Ilz ne se soucient pas là de vous laisser passer, car sy vous ne payez, ilz en rendent le conuent de Nazaret responsable; ce n'est pas comme es autres lieux, où ilz font garder sur les chemins toutte la nuict. Pres de ce vilage est vn mont du mesme nom, sur lequel y a eu vn vilage où Nostre-Seigneur a guary les douze lepreux (2); mais je ny ay esté pour estre trop tard, craignant la course des Arabes, et aussy que l'on ny peult voir que des ruines. Nous auons attaché nos monteures à vn olivier, ny ayant aucun lieu où nous nous peussions mettre, les Mores et Arabes ne nous voullans retirer, et appres auoir faict vn peu de refection nous nous sommes vn peu reposez aupres.

Le lendemain 28 sommes partis enuiron deux ou trois heures apres minuict, pour cheminer du matin et se reposer vn peu pendant la grande chaleur, qui est vehemente en ces pays, et sommes allez disner à Sebaste, esloigné du chemin enuiron d'vn quart de mil. Ce vilage, qui est sur vne montagne à main droicte dudict chemin, a esté autresfois grand et bien basty. Là est le lieu où l'on a trenché la teste à sainct Jean-Baptiste, precurseur de Nostre-Seigneur, à l'extresmité dudict vilage, tirant vers le chemin, dans vn lieu sousterrain comme en forme de grotte (3),

(1) *Genin :* Le nom de ce village, ainsi orthographié, est complétement défiguré; c'est *Genni* que l'ont appelé tous les autres pèlerins.

(2) *Les douze lepreux :* Nous avons là une double erreur à relever, puisque l'Écriture parle de *dix* lépreux, et non de douze — *Occurrerunt ei* DECEM *viri leprosi* — et se tait sur le lieu qui fut témoin de leur guérison. Elle dit qu'allant à Jérusalem, et passant à travers la Samarie et la Galilée, Jésus rencontra ces malheureux comme il entrait dans un village; mais rien, dans le texte sacré, ne permet de préciser le nom de cette localité. N'amplifions donc pas sa version, en acceptant la géographie fantaisiste, et probablement *intéressée,* que MM. les Turcs ont composée pour l'usage de ces nombreux visiteurs qu'ils savent si bien rançonner.

(3) *Sainct Jean-Baptiste :* Du Rozel, à propos de la prison où ce saint fut

où l'on dict qu'il estoit prisonnier, sur lequel saincte Heleyne auoit faict bastir vne belle esglize à present ruynée. Et l'apres disnée la chaleur estant vn peu accoisée (1), auons continué nostre route jusques à Nabuloze, principalle ville de la prouince de Samarye, qui est grande et assez peuplée pour le pays; il y a mesmes d'assez beaux logis, mais la pluspart sont antiques et bastys par les chrestiens; mesmes les mosquées sont quasy touttes faictes d'esglizes. Nous auons pris nostre repos soubz vn porche, à la porte d'vne esglize de Grecs, qui ne nous ont pas mesmes voullu recepuoir dans leurs maisons.

Le 29, continuant nostre chemin, auons trouué sur iceluy, vn peu à main gauche, enuiron à demy mil de la ville, le puy où Nostre-Seigneur a conuerty la Samaritaine (2), sur lequel l'on auoit basty vne esglize qui est toutte abattue; mesmes le puy est quasy tout remply des ruines d'icelle, ny ayant plus d'eau, ny que peu de forme de puy. Et comme nous sommes arrestez pour disner soubz vn oliuier pres d'vne fontaine, six

décapité, n'est pas aussi complet qu'il l'est habituellement en ses descriptions. Thevenot, qui vit ce même lieu treize ans plus tard, le dépeint beaucoup mieux : « C'est — dit-il — présentement une chapelle sous terre, où l'on descend par » vingt-trois degrez, et qui servit aussi de sepulchre à saint Jean, comme il en » avoit servi aux prophètes Elisée et Abdias. On y voit les trois tombes, qui sont » ceintes de murailles et relevées de quatre pans de haut; mais on ne les voit que » par trois ouvertures de la grandeur d'un pan, avec de la lumière qu'on a coû- » tume d'y entretenir. »

La ville de *Sebaste*, où cette chapelle est située, portait au temps du Christ le nom de *Samarie;* et c'est ainsi que dans le Nouveau Testament on l'a désignée.

(1) *Accoisée* : Apaisée. Au XVIIe siècle, le mot *accoisement*, qu'on employait pour exprimer la cessation d'un mouvement intérieur, soit physique, soit moral, était déjà très-vieux et fort peu usité. De nos jours il est totalement oublié.

(2) *Le puy de la Samaritaine :* Saint Jean, au chapitre IV de ses Evangiles, précise exactement l'endroit ou se trouvait ce « puy. » L'écrivain sacré le place en Samarie, aux portes de la ville de *Sichem*, près de la terre que Jacob donna à son fils Joseph: Là, dit-il, était la fontaine de Jacob, sur laquelle Jésus, fatigué, s'assit vers la sixième heure, et demanda à boire à une Samaritaine qui vint y puiser de l'eau.....

Arabes sont venus à nous, de cheual, auecq lances, arquebuzes et flesches, feignans de nous demander caphare d'vn vilage là aupres; et s'estant emparez de nos monteures nous voulloient, disoient-ilz, mener prisonniers. Mais c'estoit pour nous faire descendre dans vn precipice qui estoit là proche, affin de faire mieux leur coup; ce qu'ilz eussent faict, sans qu'à l'heure il est passé vne compagnye de la garde du Bacha de Jerusalem, et nostre truchement s'estant allé plaindre au capitaine, il nous a desliurez de ces brigans. Et appres auoir cheminé trois mil, auons passé par le lieu où Jacob veid descendre et monter des anges au ciel, par vne eschelle, lieu qui est sur le bord du chemin, à main droicte (1). L'on y auoit basty vn conuent et vne eglize, quasy toutte ruinée; les murailles sont encor en leur entier, et la voulte, où se voyent encores quelques peintures.

A six ou sept mil de la mer, sur le mesme chemin, est le vilage de Birry (2), où nous a esté monstré la sinagogue où la Vierge et sainct Joseph s'apperceurent d'auoir perdu Nostre-Seigneur, qu'ilz trouuerent, apres l'auoir cherché trois jours et trois nuicts, dans le temple de Jerusalem, disputant et preschant les docteurs, quoy qu'il n'eust que douze ans.

Et enfin le soir sommes arriuez à Jerusalem.

(1) *L'eschelle de Jacob :* Les premiers livres de la Bible indiquent l'endroit même où Jacob vit en songe cette échelle symbolique, qui, de la terre touchant au ciel, portait des anges. Ce fut à trois heures de marche de Jérusalem, près de *Luza*. Luza était alors une ville; le fils d'Isaac, en mémoire de ce songe, la nomma Bethel (Maison de Dieu); plus tard, Jéroboam y ayant établi le culte du veau d'or, on l'appela Bethaven (Maison d'Iniquité). Aujourd'hui, plutôt village que cité, c'est sous le nom de *Sargoreg* qu'elle est connue.

(2) *Birry :* Cette localité, où l'on suppose effectivement, ainsi que le rapporte du Rozel, que la Vierge s'aperçut de la disparition de son Divin Enfant, est généralement nommé *Bira*, et non Birry. Pierre d'Avity, gentilhomme du Vivarais qui publia en 1626 un ouvrage in-f° intitulé : *États ou Empires du monde*, dit qu'elle est située à trois lieues de Jérusalem, et que son nom vient du mot arabe, *bir :* puits; étymologie ne portant pas à faux, attendu qu'un puits immense, servant à abreuver les troupeaux des environs, se trouve en ses murs.

IV

Jérusalem : Aspect général et principaux monuments.

Porte de Rama. — Couvent des Pèlerins et son Cérémonial. — Ruines de la Ville. — Ses Portes de Fer. — Mosquées d'Omar et de Notre-Dame. — La Maison du Mauvais Riche.

C'est donc le 29 septembre que nous voici es murs de Jerusalem, apres auoir risqué nostre vie souuent et essuyé les fatigues les plus accablantes, ainsi que des priuations de tout genre. Nous sommes entrez audict lieu par la porte de Rama, autrement des Pasteurs, qui est celle des Pelerins, ne leur estant permis d'entrer par autre, quoyque vous y arriuassiez, autrement l'on vous mettroit en prison et feroit payer vne grosse amende, de laquelle, en deffault de suffisance du pelerin, l'on rendroict le conuent responsable. Et quoyque la porte fust ouuerte, il ne nous a esté licite d'entrer qu'au prealable nous ne l'ayons faict sçauoir au conuent pour le denoncer au Bacha et Cady, qui ont enuoyé vn janissaire auecq le truchement dudict conuent nous prendre à la porte, où ilz nous ont faict attendre bien vne heure et demye, pendant quel temps il nous a fallu souffrir quantité d'injures et opprobres des Turcs et Mores, mesmes plusieurs coups de pierre et de baston, lesquels ledict janissaire a faict cesser en nous faisant descendre, car nul chrestien n'entre, et ne luy est permis de marcher, qu'à pied dans la ville, pour laquelle entrée le truchement ma faict bailler deux piastres (1). Et m'ayant mené au conuent, en arriuant j'ay esté remercier Dieu dans l'esglize et saluer le gardien pour me recepuoir et donner sa benediction, puis l'on ma mené en vne chambre des pelerins et donné vn lict, qui estoit la chose qui m'estoit la plus necessaire, estant extresmement fatigué, et ayant vne fiebure continue qui ma duré encores là huict jours sans me laisser, et incontinent l'infirmier m'est venu trouuer pour recognoistre mon mal affin dy donner remede, ce que l'on a faict auecq pleine sollicitude.

Le 3 octobre l'apres disnée, veille sainct François, je me suis leué pour voir les ceremonyes de vespres, que le gardien dict

(1) *Jérusalem :* Il ne saurait être hors de propos, en regard du récit que fait du Rozel de son entrée dans la Sainte-Ville le 29 septembre 1644, de placer celui plus coloré, mais non moins religieux, qu'à son tour le vicomte de Châteaubriand traça de son arrivée en cette cité, le 4 octobre 1806. Des lignes que nous allons emprunter à l'*Itinéraire* de ce grand génie, il ressortira d'ailleurs, outre le charme continuel du style, une nouvelle preuve que la tyrannie, l'insolence, la piraterie des Musulmans envers les Chrétiens, loin de s'affaiblir sous l'action du temps et des relations internationales, s'accroît au contraire — comme nous l'avons observé déjà page 31 :

« Nous sortîmes de Rama le 4 octobre à minuit — dit l'auteur d'*Atala* — le » Père Président nous conduisit par des chemins détournés à l'endroit où nous » attendait notre guide, et retourna ensuite à son couvent.... Nous gardions tou- » jours la robe et la contenance de pauvres pèlerins latins, mais *nous étions armés* » *sous nos habits*.... Tout à coup, à l'extrémité d'un plateau nu, semé de pierres » roulantes, j'aperçus une ligne de murs gothiques flanqués de tours carrées, et » derrière lesquels s'élevoient quelques pointes d'édifices. Au pied de ces murs » paroissoit un camp de cavalerie turque, dans toute la pompe orientale. Le guide » s'écria : *El Cods!* la Sainte! — (Jérusalem) — et il s'enfuit au grand galop, » ayant peur d'être *avanisé et bâtonné* par le Pacha de Damas, dont nous aperce- » vions les tentes.

» Je conçois maintenant ce que les historiens et les voyageurs rapportent de la » surprise des Croisés et des Pèlerins, à la première vue de Jérusalem. Je puis » assurer que quiconque a eu comme moi la patience de lire à peu près deux » cents relations modernes de la Terre-Sainte, les compilations rabbiniques et les » passages des anciens sur la Judée, ne connoît rien du tout encore. Je restai les » yeux fixés sur Jérusalem, mesurant la hauteur de ses murs, recevant à la fois » tous les souvenirs de l'histoire, depuis Abraham jusqu'à Godefroy de Bouillon,

pontificalement comme le Pape, et à la messe le lendemain, ce qu'il a droict de faire sept ou huict fois l'année.

Le 6, appres complye, tous les religieux s'estant mis en ordre de procession à la porte de l'esglize, auecq la croix et banniere, l'officiant, diacre et soudiacre vestus d'habits sacerdotaux, le president du conuent, aydé de deux autres aussy vestus, ma laué les piedz dans vne petite cuuette faicte exprez, remplye de fleurs et d'herbes de senteurs, les religieux chantans pendant ce, et deux acolites des deux costez donnant de l'encens; puis m'ont offert vn cierge blanc que ledict president a beny et sur iceluy conceddé des indulgences par permission du Pape; et portant iceluy allumé m'ont mené en procession allentour du cloistre,

» pensant au monde entier changé par la mission du Fils de l'Homme, et cher- » chant vainement ce temple, dont IL NE RESTE PAS PIERRE SUR PIERRE. Quand » je vivrois mille ans, jamais je n'oublierai ce désert, qui semble respirer encore » la grandeur de Jehova et les épouvantemens de la mort.

» Les cris du drogman qui me disoit de serrer notre troupe, parce que nous » allions entrer dans le camp, me tirèrent de la stupeur où la vue des Lieux- » Saints m'avoit jeté. Nous passâmes au milieu des tentes... Notre mince équi- » page et nos robes de pèlerin excitoient la risée des soldats. Comme nous » approchions de la porte de la ville, le Pacha sortoit de Jérusalem. Je fus obligé » d'ôter promptement le mouchoir que j'avois jeté sur mon chapeau pour me » défendre du soleil, dans la crainte de m'attirer une disgrâce pareille à celle de » mon domestique à Tripolizza — *(de me voir refuser l'entrée de la ville)*.

» Nous entrâmes par la porte des Pèlerins... Nous payâmes le tribut et nous » suivîmes la rue qui se présentoit devant nous; puis, tournant à gauche, entre » des espèces de prisons de plâtre qu'on appelle des maisons, nous arrivâmes au » monastère des Pères Latins. *Il étoit envahi par les soldats d'Abdallah, qui se » faisoient donner tout ce qu'ils trouvoient à leur convenance.*

» Il faut être dans la position des Pères de la Terre-Sainte pour comprendre le » plaisir que leur causa mon arrivée. Ils se crurent sauvés par la présence d'un » seul Français... — Monsieur, me dit le Gardien, c'est la Providence qui vous » amène. Vous avez des firmans de route, permettez-nous de les envoyer au » Pacha; il saura qu'un Français est descendu au couvent, et il nous croira spé- » cialement protégés par l'Empereur. L'année dernière, *il nous contraignit de » payer soixante mille piastres*; d'après l'usage, nous ne lui en devions que quatre » mille, et encore à titre de simple présent. *Il veut cette année nous arracher la » même somme, et il nous menace de se porter aux dernières extrémités, si nous » la refusons...* »

chantans le *Te Deum*, et à la reuenue dans l'esglize le *Veni Creator* en musique et auecq les orgues. Depuis, l'on ma faict manger au refectoire comme les religieux, à la table des pelerins, qui est aupres celle du gardien, et on m'a mené voir la ville et lieux sainctz.

Jerusalem est la premiere et plus antique ville du monde, mais il ne sy trouue plus rien de cette antiquité, que quelques tombeaux, ayant esté par trop de fois ruinée. Sy elle est remarquable pour son antiquité, les prerogatifues quelle a eues la rendent encores plus estimable, estant la ville capitale de la terre de promission que Dieu donna aux fidelles de l'antien Testament, du nom desquelz la prouince de Judée, dont elle est mestropolitaine, a pris le sien. L'on dict encores, par tradition commune des antiens du pays, que ça esté la premiere terre habitée et cultiuée par Adam et ses enfans; aussy estoit-ce vn terrouer extresmement fertille, tous fruicts y venant en telle abondance qu'il s'est trouué des grappes de raisin tellement grosses, qu'il falloit deux hommes pour les porter (1).

(1) *Le royaume de Jérusalem, son importance et sa rare fertilité :* L'abbé Guénée, si connu par ses remarquables et consciencieux travaux sur les Juifs et la Judée, a laissé à cet égard de bien précieux témoignages. Châteaubriand les a surtout invoqués pour combattre l'opinion complétement erronnée, émise par quelques hommes anti-religieux, que le royaume de Jérusalem ne fut qu'un misérable petit vallon, indigne du nom pompeux dont on l'avait décoré. En dehors de l'Ecriture, l'étendue de la Judée nous est, ainsi que sa fertilité, attestée par les païens eux-mêmes : Théophraste, Strabon, Pausanias, Dioscoride, Tacite et beaucoup d'autres en font foi dans leurs écrits. Si maintenant cette terre a changé d'aspect, a perdu beaucoup de son excellence, faut-il s'en étonner devant la dévastation qu'elle n'a cessé de subir depuis des milliers de siècles ?

« Jérusalem — dit éloquemment le vicomte de Châteaubriand — a été prise et » saccagée *dix-sept fois ;* des millions d'hommes ont été égorgés dans son enceinte, » et ce massacre dure pour ainsi dire encore... Dans cette contrée, devenue la » proie du fer et de la flamme, les champs incultes ont perdu la fécondité qu'ils » devoient aux sueurs de l'homme ; les sources ont été ensevelies sous des éboulemens; la terre des montagnes, n'étant plus soutenue par l'industrie du vigne» ron, a été entraînée au fond des vallées ; et les collines, jadis couvertes de bois » de sycomores, n'ont plus offert que des sommets arides... »

Triste tableau, dont les sombres couleurs n'ont malheureusement rien d'outré.

Mais ce qui nous la doibt tenir plus en consideration, est sa saincteté, estant la principalle de la Judée, où le Sauueur a faict tant de miracles, et mesmes en icelle operé le mystere de nostre redemption, nous ayant racheptez de son sang precieux, qu'il y a espandu et es enuirons, et par ça qu'il a expyré pour les crimes du genre humain.

Encor que cette ville aye esté tant ruinée, sy na-t-elle laissé d'auoir esté rebastye, mais non pas proprement au mesme lieu où elle estoit, ce qui est facille de recognoistre, estant certain que le mont de Caluaire estoit hors de l'enclos d'icelle, et aujourd'huy il est quasy au millieu; aussy se void-il du costé de leuant encores plusieurs ruines de l'antienne (1). Elle est pourtant encores assez grande, ayant plus de trois mil de tour, bien cloze de bonnes murailles la pluspart reuestues auecq sept portes de fer (2). Les maisons sont bastyes à la turquesque; il ne laisse d'y en auoir d'assez belles, et s'en trouue encor beaucoup d'antiennes. Les rües sont grandes pour le pays, et la ville bien peuplée. Vne des plus belles choses qui soict au monde,

(1) *Emplacement et étendue de Jérusalem :* Tout ce qu'en dit du Rozel est exact et confirmé en ces termes par Châteaubriand, qui apporta dans ce genre de critique la plus minutieuse érudition :

« D'Anville a prouvé par les mesures et les positions locales, que l'ancienne » Jérusalem n'étoit pas beaucoup plus vaste que la moderne : elle occupoit quasi » le même emplacement, si ce n'est qu'elle enfermoit toute la montagne de Sion, » et qu'elle laissoit dehors le Calvaire. On ne doit pas prendre à la lettre le texte » de Josèphe, lorsque cet historien assure que les murs de la cité s'avançoient, » au nord, jusqu'aux Sépulcres des Rois : le nombre des stades s'y oppose; d'ail- » leurs, on pourroit dire encore que les murailles touchent aujourd'hui à ces » sépulcres, car elles n'en sont éloignées que de cinq cents pas. »

(2) *Les sept portes de fer de Jérusalem :* Actuellement elles sont encore debout et nommées — *Bab el Kralil* (porte du Bien-Aimé ou d'Abraham) — *Bab el Nabi-Dahoud* (porte du prophète David, ou de Sion) — *Bab el Maugrarbé* (porte des Maugrabins ou des Barbaresques) — *Bab el Darahie* (porte Dorée) — *Bab el Sidi-Mariam* (porte de la Vierge Marie, ou de Saint-Etienne) — *Bab el Zahora* (porte de l'Aurore ou du Cerceau) — *Bab el Hamond* ou *Bab el Cham* (porte de la Colonne, ou de Damas, ou de Rama, ou des Pasteurs).

est le temple, basty au mesme lieu de celuy de Salomon, dict-on, par saincte Heleyne, et en la mesme forme, où il n'est permis aux chrestiens d'entrer, quoyque les portes soyent tousiours ouuertes, ny seullement dans l'enclos. Il n'y va que du feu ou estre ampalé, ou bien se faire Turc (1). Mais je l'ay quasy aussy bien veu que sy j'eusse esté dedans, de la maison d'vn Turc qui est contre et qui a sa veue sur icelluy, et de laquelle on void par vne des portes dudict temple et par les fenestres. Il est comme en forme ronde, orné de marbre partout, et paué de mesme en compartimens. Il y a dessus comme vn dome, tout peint à la mosaïque en dedans, comme aussy touttes les murailles, mesmes par le dehors. Les fenestres sont en ouurages de pierre au lieu de vitre, aussy touttes peintes à la mosaïque dedans et dehors. Il est esleué d'enuiron demye picque (2). L'on y monte par des grands degrez de marbre; dessoubz sont des voultes touttes de marbre en leur entier, qui est ce qui reste du temple de Salomon. Tout allentour est vne grande place où il y a sept portes vis à vis des sept du temple, sur touttes lesquelles

(1) *Le temple de Jérusalem* : Ce que notre voyageur nomme ainsi, c'est la fameuse Mosquée bâtie par Omar Ier en 638, alors qu'il venait, après un siége de deux ans, de prendre Jérusalem. La difficulté, pour les chrétiens, d'en visiter l'intérieur, n'a pas diminué depuis du Rozel, car M. de Lamartine ne put non plus y pénétrer, quoique le gouverneur de la Ville Sainte eût reçu d'Ibrahim-Pacha l'ordre d'obtempérer à toutes les demandes de notre illustre compatriote : « Si vous exigiez de moi cette entrée, lui répondit le haut fonctionnaire, je » m'exposerais, en vous l'accordant, à irriter profondément les Musulmans de la » ville. Ils sont encore ignorants; ils croient que la présence d'un chrétien dans » l'enceinte de la mosquée, leur ferait courir de grands périls, parce qu'une pro- » phétie dit : Que tout ce qu'un chrétien demanderait à Dieu dans l'intérieur » d'El-Sakara, il l'obtiendrait; et ils ne doutent pas qu'un chrétien n'y demandât » à Dieu la ruine de la religion du Prophète, et l'extermination des Musulmans. »
Il reste donc avéré que la Peur, le Fanatisme et la Superstition veillent aux portes de la mosquée d'Omar. C'est peu flatteur pour le courage et la philosophie des Turcs, mais c'est navrant surtout pour notre curiosité, qui court ainsi grand risque de ne jamais tromper la vigilance de pareils gardiens !

(2) *Demye picque* : La longueur de la pique était de quatorze pieds.

il y a quantité de lampes et en plusieurs autres endroicts d'iceluy temple; et tant, qu'il y en a dict-on plus de deux mil. Dans cette place sont encores les arbres soubz lesquels estalloient leurs marchandises les marchandz que Nostre-Seigneur fist sortir, leur disant qu'il ne falloit faire vn marché des lieux destinez au temple, et qu'ils allassent vendre leurs denrées hors les portes. De cet enclos l'on entre dans le temple de Nostre-Dame, que saincte Heleyne auoit aussy faict bastir, mais de celuy-là l'on n'en peult bien parler, ny ayant lieu d'où l'on en puisse approcher; l'on dict qu'il est aussy fort beau, et a encores vn dome couuert de plomb. Il y a aussy dans la ville plusieurs antiens bastimens remarquables, comme la maison du Mauuais Riche, qui est à main gauche comme l'on va au Bazar, au bas de la ville; elle a vne porte comme cochere sur la rue, par laquelle on entre en vne petite cour qui est deuant le logis, où il n'y a rien de remarquable que l'antiquité; elle est occupée par vn Turc; l'on vous monstre le lieu où estoit le Lazare lors que les chiens du Mauuais Riche lui vindrent lecher ses playes, au lieu de le mordre (1). Je feray mention des autres antiquitez en cottant les stations, y en ayant à la pluspart.

(1) *Le Lazare* : Ce serait à tort qu'on prendrait pour une parabole le récit donné par l'Evangile du dénûment, des souffrances de ce pauvre hère que rongeaient les ulcères et la faim! Trois Pères de l'Eglise, entre autres autorités, déclarent qu'ils regardent sa lamentable histoire comme fait réel : ce sont les saints Ambroise, Chrysostome, Cyrille. Et nous les croyons d'autant mieux, que les Juifs ont pris soin de transmettre à la postérité le nom de l'être dénaturé qui laissait, à sa porte, mourir ainsi de besoin le pauvre Lazare; le nom du Mauvais Riche. Il s'appelait Nabal. — Pourquoi, mon Dieu, lorsqu'aujourd'hui ce nom n'est plus porté, l'avons-nous cependant si souvent encore sur les lèvres?... Hélas! c'est que la Charité, sublime vertu, suprême élan de l'âme véritablement chrétienne, pénétrera toujours difficilement chez l'égoïste, chez l'avare... Et des plaies de l'Humanité, voilà bien la plus hideuse!

V

Les Stations des Saints Lieux.

Roc du martyr Étienne. — Sépulcre de la Vierge. — Jardin des Oliviers. — Roc de l'Assomption. — Grotte du Symbole. — Roc de l'Ascension. — Ruines de Betphagé. — Roc du Lazare. — Maisons de Madeleine et de Marthe. — Béthanie. — Sépulcre et Maison de Lazare. — Maison de Simon le Lépreux. — Le Figuier maudit. — Sépulcres de Josaphat et d'Absalon. — Grotte de saint Jacques.

Le 7 octobre j'ay commencé à visiter les Saincts Lieux et faire les Stations ordinaires, à chascune desquelles l'on gaigne des indulgences y disant vn *Pater noster* et vn *Aue Maria.* L'on faict ordinairement celles du dehors de la ville, les premieres, d'aultant que lors que vous auez faict celles du dedans et entré dans le Sainct Sepulchre, à la sortye vous trouuez vne monteure preste pour vous en aller. Il va tousiours vn Pere auecq vous, qui vous dict la messe sur le Sepulchre de la Vierge, et vn Frere pour l'accompagner, auecq le truchement de la porte du conuent pour vous conduire, et empescher que les Mores et Arabes ne vous rendent desplaisir; pourquoy l'on luy donne demye piastre. Il vous fault garnir de chandelles ou cierges pour entrer en plusieurs lieux, et de maydins pour y payer les caphares.

Premierement, estant sortys par la porte..... (1), auons passé

(1) *Estant sortys par la porte......* Quoique du Rozel oublie de nommer cette porte, il est aisé de suppléer à son silence, puisqu'il dit aussitôt que « un sainct » a esté martyrisé fort proche de là. » C'est alors de la porte Saint-Etienne qu'il s'agit. Elle fut en effet témoin de la mort du diacre Etienne, qui lapidé par les

au lieu où le dict Sainct a esté martyrisé fort proche de ladicte porte, qui est vn roc à fleur de terre, sur lequel on passe descendant à la vallée de Josaphat, où nous auons faict les prieres requises pour y gaigner l'indulgence concedée.

Estant parvenuz en ladicte vallée, nous sommes allez au Sepulchre de la Vierge (1), sur lequel nostre Pere nous a dict la messe. Il est dans vne esglize souterraine en forme de grotte, comme en croix voultée, dans l'aisle de main droicte comme on entre; il est couuert de marbre blanc tout vny. Crainte que quelques vngz n'en voullussent rompre par deuotion ou curiosité l'on a faict dessus comme vne pettite chappelle carrée et platte par le hault, où il ne peult que le prestre, le diacre et soubz-diacre. L'on y entre par deux endroictz. Dans cette mesme aisle est dans le roc vn grand trou comme vne petite grotte, où les Turcs disent : « que Nostre-Seigneur se cacha lorsque les Juifs le cherchoient pour le crucifier, et que lorsqu'ilz s'en furent retournez il sortit et s'enuola au ciel par vne pettite fenestre qui est au bout de ladicte aisle, en forme de souspirail de caue; que depuis cette heure on ne l'a veu, et que les Juifs ne le trouuant, prirent vn de ses disciples qui luy ressembloit, croyant que c'estoit luy, et le crucifierent. » Tous les Turcs et Mores croyent

Juifs neuf mois seulement après la résurrection du Sauveur, devint ainsi le premier de ces milliers de martyrs dont l'inébranlable courage, dont la sublime foi allaient, au prix de tout leur sang, gagner au christianisme les païens mêmes les plus endurcis.

(1) *Le Sepulchre de la Vierge* : De l'opinion des historiens catholiques les plus anciens et les plus accrédités, la Vierge mourut dans sa soixante-douzième année, à Éphèse, et non point à Jérusalem. Il pourrait donc, au premier abord, paraître extraordinaire que la Mère du Rédempteur ait son sépulcre en cette dernière ville, si l'on ne savait — ainsi que l'observe le vicomte de Châteaubriand — « qu'elle fut (selon l'opinion de plusieurs Pères) miraculeusement ensevelie à » Gethsémani, par les Apôtres. Euthymius raconte l'histoire de ces merveilleuses » funérailles. Saint Thomas ayant fait ouvrir le cercueil, on n'y trouva plus qu'une » robe virginale, simple et pauvre vêtement de cette Reine de gloire, que les » Anges avaient enlevée aux cieux. »

qu'il estoit vn grand Prophete, voire aultant que Mahommet. Ilz disent que la loy qu'il auoit faicte estoit vn peu trop rude, et que Dieu leur a enuoyé leur prophete Mahommet pour la mitiger. Neantmoingtz ilz le reverent fort, comme aussy la Vierge et tous les Apostres, qu'ilz estiment de grandz saincts. Aussy se sont-ilz emparez de tous les Saincts Lieux où Nostre-Seigneur a operé tant de miracles, dans la pluspart desquelz ilz ont faict des mosquées.

Au milieu de l'autre aisle de ladicte esglize est vne fontaine; l'on entre en cette esglize par le bas, par vn bel escalier de trente-huict degrez de la largeur d'icelle; le dessus est à raze terre, sur lequel il y a apparance d'y auoir eu vne belle esglize. On paye là vn maydin de caphare, qui vault vingt et vn deniers de France.

Sortant de cette esglyze l'on entre dans le Jardin de Gethsemany, autrement des Oliues, qui n'est plus que comme vn champ, ny ayant aucune closture. Il y a neuf vieilz oliuiers, que l'on dict estre encores du temps de Nostre-Seigneur.

A vn bout dudict Jardin, à main gauche comme l'on y entre de ladicte esglize, est la grotte où Nostre-Seigneur sua sang et eau, faisant oraison et demandant à son Pere qu'il destournast de luy le calice de sa passion. L'on vous monstre le mesme lieu où il estoit agenouillé, deuant lequel est vne colomne dans le roc où l'ange lui apparut et le consola. Cette grotte est assez grande (1), soustenue par six pilliers du mesme roc; mais il y a apparance que la pluspart ont esté taillez depuis.

A l'autre bout dudict Jardin est le lieu où Nostre-Seigneur auoit laissé ses trois apostres, sainct Pierre, sainct Jean et sainct Jacques, pres d'vn rocher sur lequel ilz s'endormirent. Vn peu

(1) *Grotte du jardin des Oliviers* : Le baron de Beauvau dit qu'elle est longue de vingt-trois pas, large de douze, et qu'on descend neuf marches avant d'en toucher le sol.

plus bas, à main droicte, est le lieu où les Juifs prirent et lyerent Nostre-Seigneur, lieu qui est entouré de petites murailles basses, des deux costez et par vn bout, comme en forme de ruelle ou cul de sac. Vn Juif qui a de la terre aupres, l'a voullu achepter d'vn Turc auquel il appartient; et pour payement a offert le luy couurir de piastres, non pas seullement pour accommoder sa terre, ains pour oster et empescher la deuotion des chrestiens en ce lieu, dont ilz sont curieux. Mais le Turc ne l'a voullu bailler pour quoy que ce soict, ce qui rend vn tesmoignage de la reuerence qu'ilz portent à Nostre-Seigneur.

Reuenant à main gauche pour prendre le chemin du mont d'Oliuet, l'on passe pres d'vne pierre sur laquelle Nostre-Dame estoit lors qu'on martyrisoit sainct Estienne priant pour sa perseuerance. Il se void facillement de là le lieu dudict martyre. En chascun desdicts lieux y a indulgence particuliere.

A la sortye dudict Jardin, entrant quarante ou cinquante pas dans ledict chemin du mont d'Oliuet, est vne grande pierre de roc, sortant de terre, sur laquelle estoient assis les Apostres, lors que la Vierge monta au ciel; et aucuns la voyant en l'air, luy demanderent quelque relique d'elle; et elle leur jecta sa ceinture (1), qui tomba sur ledict roc, et fist vne marque, comme sy elle se fust enchassée dedans, qui se voict encores.

Ayant suiuy ledict chemin enuiron vne portée de mousquet,

(1) *La ceinture de la Vierge* : Ce récit qui montre la Mère du Christ « jectant » sa ceinture aux Apostres, » à l'instant où montant au ciel elle est priée par eux de leur laisser « quelque relique, » ce récit doit appartenir au domaine de la légende. D'un tel fait, l'Évangile ne dit rien; et si de rares auteurs en parlent, chacun d'eux le rapporte à sa manière. Le baron de Beauvau, par exemple, assure que ce fut à saint Thomas seulement que la Vierge accorda pareille relique. Or, on a vu ci-dessus, note 1 de la page 48, que Thomas ayant ouvert le sépulcre de Marie, « n'y trouua plus qu'vne robe virginale. » Comment admettre alors cette première version, pourtant si confirmée, si l'on adopte celle de la ceinture?..... Mais l'adopter est difficile, devant le silence de l'Église. Regardons-la donc comme une fiction, sans blâmer néanmoins ceux qui l'ont imaginée, propagée, car elle est aussi touchante que le serait la vérité.

sommes passez à l'oliuier où Nostre-Seigneur pleura sur Jerusalem (1), pres duquel vn santon (2) faict sa demeure et y a mosquée.

Arriuant sur ledict mont, auons passé à la grotte où les Apostres ont composé leur Simbole, nostre *Credo*, lieu qui est vn peu à main droicte, hors dudict chemin. Nous y sommes descenduz auecq peine, ny ayant que vn trou au hault, par lequel vous entrez. Elle est longue et estroicte; l'on y a faict douze arches en voulte de pierre de taille au nom des douze Apostres; il y a apparance dy auoir eu vne esglize dessus. Montant encores vn peu à la mesme main, se trouue le lieu où Nostre-Seigneur a composé l'Oraison Dominicale, nostre *Pater noster;* il y reste encores quelques ruines d'vne esglize que saincte Heleine y auoit faict bastir.

Estant paruenuz sur l'eminence dudict mont, auons esté au lieu où Nostre-Seigneur monta au ciel, où se void encores la marque d'vn de ses piedz graué dans vne pierre. Il y auoit laissé

(1) *L'oliuier où Nostre-Seigneur pleura sur Jerusalem :* Ceci n'est pas complétement exact; pour être précis, l'écrivain aurait dû dire : L'olivier sous lequel Jésus, entouré de ses disciples, qui lui demandaient quels seraient les signes de la consommation des siècles, leur prédit, en un long discours rempli de paraboles, le jugement universel, avec ses suprêmes récompenses, avec ses terribles châtiments. (*Voir* saint Matthieu, chap. XXIV et XXV.)

(2) *Un santon :* C'est un prétendu saint, un prétendu prophète, se prétendant inspiré de Mahomet. La bêtise humaine est bien grande, en Orient, puisqu'on y entoure d'une complète vénération la caste santonienne, dont les membres rivalisent entre eux d'abrutissantes pratiques et de repoussante saleté! Témoin ce passage de Duloir, qui fut à même, en 1654, d'assister à leurs hideux exercices : « Ils laissent croître leurs cheveux et ne les peignent jamais, pour être plus malpropres. Deux fois la semaine, à trois heures de la nuit, après avoir fait leur » prière, ils tournent quelque temps, puis se prenant la main comme s'ils vouloient danser un branle, ils se démènent en criant d'une horrible façon : *Allahôu* » (Dieu est grand), jusqu'à ce que l'haleine leur manquant il ne puisse sortir de » leurs poumons épuisez qu'une voix heurlante et meuglante, comme d'une bête » qui expireroit étant assommée... Ils ne sont point conversables, et on ne lit » jamais dans leurs yeux que la fureur et l'égarement. »

la marque de tous deux, mais les Turcs ont faict porter l'autre, qui estoit la mieux marquée, au temple de Salomon (1). Il y a vne petite esglize en forme ronde, sur ce lieu, dont les Turcs ont faict vne mosquée; ilz le tiennent en grande veneration et permettent aux chrestiens d'y aller, payant vn maydin de caphare. Il y a vne autre belle et grande esglize sur ledict mont, où ilz ne veullent laisser entrer; c'est encores vn des bastiments de saincte Heleyne, tres magnifique.

A main gaulche est vn autre mont, sur lequel estoient les Apostres et la Magdelaine lorsque Nostre-Seigneur monta au ciel, lesquels le regardant en l'air, il leur dist: « *Viri Galilei, quid aspicies?* (1) »

(1) *Le mont où Nostre-Seigneur monta au ciel*: Le vicomte de Châteaubriand, qui dans son livre sur Jérusalem a si bien décrit, poétisé les lieux, les monuments témoins des actes du Fils de Dieu, n'a pas su le préserver cependant de l'atteinte funeste du doute. Écoutant les suggestions du rationalisme, il s'est inscrit, à propos de l'Ascension du Rédempteur, contre un fait attesté par des Pères de l'Église. Ce doute, chez l'auteur des *Martyrs*, est pénible à rencontrer, malgré la façon révérencieuse avec laquelle on l'a produit. Il est ainsi formulé : « On distingue, à l'endroit même où Jésus-Christ monta au ciel après sa résur» rection, l'empreinte, sur le rocher, du pied gauche d'un homme. Le vestige du » pied droit s'y voyoit aussi autrefois. La plupart des pèlerins disent que les » Turcs ont enlevé ce second vestige pour le placer dans la mosquée du Temple; » mais *le P. Roger affirme positivement qu'il n'y est pas. Je me tais, par respect,* » *sans pourtant être convaincu,* devant des autorités considérables : saint Augustin, » saint Jérôme, saint Paulin, Sulpice Sévère, le vénérable Bède, la tradition, tous » les voyageurs anciens et modernes, assurent que cette trace marque un pas de » Jésus-Christ. »

Eh quoi donc ! la superbe du vicomte de Châteaubriand ne peut se résoudre à croire ce qu'ont cru, ce qu'ont affirmé — lui-même le proclame ici — des autorités considérables?..... Cette défaillance momentanée d'un esprit éminent et religieux, montre que les plus forts, parfois, deviennent les plus faibles. Aussi du Rozel, dont le cœur se complaît dans la tradition, dans les récits des Apôtres, des Docteurs, et qui sur cette terre de Judée sans cesse humilie sa raison sous l'effusion de sa foi, du Rozel est-il, en cette circonstance, de beaucoup supérieur au grand génie qui doute, là précisément où de plus grands génies que lui n'ont jamais douté !

(1) *Nostre-Seigneur leur dist : Viri Galilei, quid aspicies?...* Du Rozel met dans la bouche du Sauveur des paroles qu'il n'a pas prononcées, puis il tronque,

Suyuant nostre chemin le long de la coste, auons trouué à vn quart de lieuë dudict mont, l'endroict où Jesus monta sur l'asnesse, le jour des Rameaux, pour aller en Jerusalem. Il y auoit du temps vne ville nommée Betfagé (1), dont se void encores quelque peu de ruines. Le lieu où les Apostres allerent destacher ladicte asnesse est en descendant de ladicte coste, à main droicte. Le Gardien du conuent de Jerusalem y va tous les ans, ledict jour des Rameaux, auecq tous les religieux, et monté sur vne asnesse, en commemoration du mystere de Nostre-Seigneur, et s'en reuient ainsy en procession en Jerusalem, au Sainct Sepulchre. Et pendant tout le chemin les religieux, pelerins et autres chrestiens, tant Grecs, Armeniens, Coftes, Abissins, Suriens, Georgiens et Maronites, jectent leurs manteaux, vestes, aubes ou dolimans soubz les piedz de ladicte asnesse, les vngs appres les autres; et s'en trouue ordinairement si grande quantité à ceste feste, qu'il ny peult pas auoir assez de chemin pour que tous les y jectent, encores qu'il y ayt vne grande demye lieuë auant que l'on rentre es murs mesmes de Jerusalem.

Continuant nostre chemin vn bon quart de lieuë plus loin, auons esté à la pierre sur laquelle Nostre-Seigneur se reposoit en reuenant du Jourdain, lors que Marye-Magdelaine et Marye-Marthe, sa sœur, le vindrent trouuer pleurant la mort du Lazare, leur frere. Cette pierre est sur le bord du chemin, à main droicte,

puis il estropie le texte sacré. Venons donc à son secours, en ouvrant les *Actes des Apôtres*, qu'évidemment il n'avait pas sous les yeux quand il rédigea cette note. Nous y lisons : Et comme les Disciples contemplaient Jésus montant au ciel, voilà que deux hommes vêtus de blanc se présentèrent devant eux, et qu'ils leur dirent : — *Viri Galilæi, quid statis aspicientes in cœlum ?*..... Hommes de Galilée, pourquoi demeurez-vous là, regardant le ciel?.....

(1) *Betphagé* : Ce lieu, dont le nom signifie Maison de bouche de vallée, faisait partie de la tribu de Benjamin; il était environné de plusieurs vallons, d'où vint qu'on l'appela ainsi.

comme on vient de Jerusalem. Elle est d'vn roc fort dur et sort enuiron vn pied de hault hors terre.

Pres de là, à la mesme main droicte, se voyent les ruines des maisons desdictes Magdelaine et Marthe (1), esloignées l'vne de

(1) *Les ruines des maisons de Magdelaine et de Marthe* : Depuis des milliers d'années on s'étudie à persuader aux pèlerins, à Jérusalem, que nombre de monuments bibliques, que les logis des principaux personnages cités dans l'Évangile, sont demeurés debout, narguant le Temps, narguant sa faux qui cependant n'épargne pas plus les œuvres de l'homme, que l'homme lui-même. Cet innocent mensonge, perpétué d'âge en âge, et qui n'abuse, après tout, que qui veut bien être abusé, a pris sa source, croyons-nous, dans un sentiment d'intérêt local, de cupidité mahométane. Le Turc en aura commercé, comme il a commercé, comme il commerce encore du Tombeau du Christ... Et la piété chrétienne, tout entière aux souvenirs de la vie du Sauveur, en se prosternant quand même devant des édifices dont le nom seul lui rappelait déjà tant de miracles, tant de précieux actes, la piété chrétienne aura, sans y songer, favorisé la supercherie historique de messieurs les Sarrasins? Mais aujourd'hui, et quoi qu'il en soit de notre supposition, on sait généralement, nous le répétons, ce qu'il faut penser de l'authenticité de ces prétendues ruines, de ces prétendus monuments; Châteaubriand et Lamartine n'ont pas, à cet égard, dissimulé leur opinion; écoutez plutôt ce dernier :

« En circulant dans les rues de Jérusalem, toutes semblables, l'interprète du » couvent latin m'arrêtait de temps en temps, et me montrant une maison turque » en décombres, une vieille porte en bois vermoulu, les débris d'une fenêtre mo- » resque, il me disait : — Voilà la maison de Véronique, la porte du Juif-Errant, la » fenêtre du prétoire — paroles qui ne faisaient qu'une faible impression sur moi, » sur nous, démenties qu'elles étaient par l'aspect évidemment moderne et par » l'invraisemblance parlante de ces démonstrations arbitraires; pieuses fraudes » dont personne n'est coupable, parce qu'elles datent de je ne sais qui.....

» Au sortir de l'église du Saint-Sépulcre, nous suivîmes la Voie Douloureuse. » Là, rien de frappant, rien de constaté, rien de vraisemblable; des masures de » construction moderne, données partout pour des vestiges incontestés des diverses » stations du Christ. L'œil ne peut avoir même un doute, et toute confiance dans » ces traditions locales est détruite d'avance par l'histoire des premières années » du christianisme, où *Jérusalem ne conserva pas pierre sur pierre* ; où les chré- » tiens furent ensuite bannis de la ville pendant de nombreuses années. *Jérusa-* » *lem*, à l'exception de ses Piscines et des Tombeaux des Rois, *ne conserve aucun* » *monument d'aucune de ces grandes époques* : quelques sites seulement sont » reconnaissables, comme le site du Temple, dessiné par ses terrasses et portant » aujourd'hui l'immense et belle mosquée d'Omar-el-Sakara; le mont de Sion, » occupé par le couvent des Arméniens, et le tombeau de David; mais ce n'est » même que l'histoire à la main, et avec l'œil du doute, que la plupart de ces

l'autre d'vn ject de pierre. A celle de Marthe est vne cisterne. Ce lieu est eminent, estant sur vn petit mont où il y a apparance dy auoir eu vn vilage. L'on void facillement, de là, la montagne et desert de la Quarantaine, où Nostre-Seigneur jeusna quarante jours, en memoire de quoy nous faisons nostre Caresme. Elle est à main gauche, esloignée d'enuiron cinq ou six mil; et quasy deuant vous, encores vn peu à main gauche, est la mer Morte, qui est dans la place de ces malheureuses villes de Sodome et Gomhorre, que Dieu permist estre abismées pour leurs meschancetez. Cette mer ne sert à rien, qu'à faire du sel qui est tout blanc. Il n'y a point de poisson ny aucune nauigation, estant aussy trop pettite. L'on dict qu'il en sort souuentes foys des vapeurs et exhalaisons sy puantes, qu'elles infectent ceux qui en sont voisins; elle n'est esloignée que d'vne lieuë, et se void toutte, de ce point là, comme qui seroict dessus.

De là nous sommes allez à Bethanye (1), qui est esloignée d'enuiron deux portées de Jerusalem, vn peu à main droicte, tirant vers cette derniere. C'estoit anciennement vne ville, mais tout y est ruiné; il y a pourtant encores plusieurs maisons, seulement elles ne sont que comme des grottes. Là est le sepulchre de Lazare, que Jesus y ressuscita; c'est comme vn petit caueau voulté de pierre de taille, soubz vne autre caue qui est sur le bord du chemin, à gauche. Il se void les ruines de la maison, qui estoit bastye dessus; tout aupres y auoit vne petite esglize dont les Turcs ont faict vne mosquée; l'on paye là vn

» sites peuvent être assignés avec une certaine précision. Hormis les murs de » terrasses sur la vallée de Josaphat, aucune pierre ne porte sa date dans sa forme » et dans sa couleur; tout est en poudre, ou tout est moderne... »

(1) *Bethanye, esloignée d'enuiron deux portées de Jerusalem :* Notre voyageur veut dire, probablement, que Béthanie n'est distante que d'environ *deux portées de fusil,* de Jérusalem; mais il se trompe, car ce bourg, dont il ne reste présentement qu'une vingtaine de maisons, en était éloigné d'au moins un kilomètre et demi.

maydin de caphare. La maison ou chasteau dudict Lazare (1) estoit vn peu plus auant dans le vilage, sur vn petit mont; c'estoit comme vne forteresse dont les murs estoient fort larges et bastys de sy bonne matiere, qu'il y en a encores vne partye en nature. Il y a dedans vne cisterne.

Enuiron deux ou trois cens pas de là, prenant le chemin droict vers Jerusalem, sommes passez à la maison de Simon le Lepreux, qui auoit conuyé Nostre-Seigneur à disner, où la Magdelaine l'alla trouuer et où il la conuertit. Les murailles de ceste maison sont la pluspart encores entieres, estant de grosses pierres de taille; elle est à main droicte.

Suyuant tousiours ledict chemin, estant approchez de Jerusalem à demye lieuë pres, sommes passez contre le figuier que Nostre-Seigneur maudit, y ayant enuoyé vn de ses Apostres pour querir des figues, affin d'appaiser vn peu la soif qu'il auoit, passant par ledict chemin, lequel ny en trouua aucunes, quoy qu'il en fust beaucoup ceste année là. Depuis, il n'a point creu ny grossy, estant fort bas et pas plus gros que le bras. Il est seul, à main gauche dudict chemin, sur vn costeau descendant dans vne grande vallée (2).

(1) *Le chasteau de Lazare :* Doubdan, qui visita sept ans plus tard (1651) ces mêmes lieux, a dit du présent « chasteau » : « Les grandes ruines qu'on nomme » de la sorte sont plutôt les restes de quelque autre grand bâtiment qui a été » réédifié à la place où étoit la maison du Lazare, qui vray-semblablement n'a » pas duré si longtemps sur pied. Les fossez en sont encore revêtus de pierres, » mais presque tout à fait remplis. »

(2) *Le figuier maudit par Jesus* : Ce bon du Rozel parle de l'épisode du figuier maudit comme en parlerait un homme qui depuis longtemps n'aurait relu l'Évangile. Le Seigneur n'envoya pas en effet « vn de ses Apostres pour querir des » figues, » il alla lui-même fouiller l'arbre; et non point pour « appaiser vn peu » sa soif, » mais uniquement sa faim. De plus, nul besoin n'était d'ajouter « qu'il » fust beaucoup de figues ceste année là, » le texte sacré demeurant muet sur un pareil détail. Voici du reste la traduction des versets 11, 12, 13 et 14 du chapitre XI de saint Marc, celui des évangélistes qui a le mieux précisé lesdits faits : « Jésus entra dans Jérusalem... et comme l'heure était avancée, il s'en alla en

Comme sommes arriuez au bord de la vallée de Josaphat, y descendant, auons passé au lieu où estoit l'arc où Judas se pendit, qui estoit de bois, reste des ruines de quelque maison, et non pas à vn arbre de sureau, comme l'on a dict (1). Il est à main droicte du chemin, quasy sur le bord.

Au pied de ladicte vallée, tirant vers le Jardin des Olives, est le sepûlchre de Josaphat, qui est vne belle chose, estant taillé dans le roc, poly tout autour, large d'vne picque (2), et d'vne et demye de long, et aultant de hault, auecq quatre piliers du mesme roc au long, et trois au large, ornez de leurs corniches et d'vne bordeure tout autour, en figures de bas relief; le dessus est comme en voulte tirant en poincte.

Pres d'icelluy est la grotte où se retirerent les Apostres, appres que les Juifs eurent pris et lyé Nostre-Seigneur, et où l'on dict que sainct Jacques a faict penitence (3). Vn peu plus hault est le

Béthanie avec les douze Apôtres. Et le lendemain, lorsqu'ils sortaient de Béthanie, *il eut faim*. Et voyant de loin un figuier qui avait des feuilles, *il vint pour chercher quelque fruit*; et quand il fut près, il ne trouva que des feuilles : *car ce n'était pas le temps des figues*. Et Jésus dit au figuier : Que de toi jamais personne ne mange plus aucun fruit ! » — Maintenant, comme du Rozel observe que depuis lors ce figuier « n'a point creu ny grossy, » nous lui donnerons gain de cause, en ce sens que saint Marc complète son récit en constatant que le figuier maudit *se dessécha jusqu'aux racines*. Seulement, prenant acte de cette constatation, nous nous permettons de trouver que notre gentilhomme a eu grand tort de supposer qu'on l'ait véritablement mis en présence de ce même arbre !

(1) *L'arc où Judas se pendit :* L'auteur de ce manuscrit veut que Judas se soit pendu, « non pas à vn arbre de sureau, comme l'on a dict, » mais « à vn arc de » bois, reste des ruines de quelque maison ? » Nous ignorons à quelles sources ces deux versions contraires ont été puisées, et nous en inquiétons peu en présence de l'Écriture, qui rapporte ceci : Après avoir jeté l'argent dans le Temple, Judas s'en alla, puis se pendit... Et sa peau se rompit, et ses entrailles se répandirent sur la terre. — Chercher à en savoir davantage est donc complétement inutile.

(2) *Picque :* Sa longueur, nous l'avons déjà précisé, était de quatorze pieds.

(3) *La grotte où sainct Jacques a faict penitence :* C'est en vain que nous avons relu les vies de Jacques le Majeur et de Jacques le Mineur pour y trouver trace

sepulchre d'Absalon (1), qui est aussy fort beau; mais l'on tient qu'il n'y a pas esté mis.

Ce sont là les stations ordinaires d'vn jour.

de cette grotte et de la pénitence qu'y vint accomplir l'un de ces deux disciples de Jésus, rien de semblable ne nous y est apparu. Du Rozel a fait là, probablement, quelque confusion.

(1) *Le sepulchre d'Absalon:* Thevet, en 1575, disait de ce monument: « Il est » hors Jerusalem à main droite, allant du mont Sion à la vallée de Josaphat, et » iceluy tout entier est faict presque en forme de pyramide, auquel y a quelques » fenestres où les Turcs, Mores et Arabes, passans par là, comme i'ay veu, ruent » des pierres, en detestant celuy qui y a été enterré, à cause qu'il s'estoit revolté » meschamment contre son pere, à qui il devoit tout honneur, reverence et » service. »

VI

Les Stations des Saints Lieux (*Suite*).

VALLÉE DE JOSAPHAT. — TORRENT DU CÉDRON. — FONTAINES DE LA VIERGE ET DE SILOÉ. — ARBRE D'ISAÏE. — PUITS D'ANANIAS. — CHAMP DU SANG. — CIMETIÈRE DES CHRÉTIENS. — MONTAGNE DE SION. — EGLISE DU SAINT-CÉNACLE. — SÉPULCRES DE DAVID ET DE SALOMON. — CROIX-CHEMIN DE LA VIERGE. — MAISON DE CAÏPHE. — COLONNE DU COQ. — PIERRE DU SAINT-SÉPULCRE. — CACHOT DE JÉSUS. — GROTTE DE SAINT PIERRE OU DE LA PÉNITENCE.

u lieu de retourner en Jerusalem, comme l'on faict generallement, j'ay voullu, apres ce que j'ay dejà dict auoir visité, paracheuer les Stations d'entour la ville, ce premier jour; et sommes alors descenduz le long de la vallée de Josaphat (1) et esté au torrent de Cedron, proche

(1) *La vallée de Josaphat :* Notre pèlerin a le tort de ne pas la décrire, ce qui nous engage à reproduire la saisissante page que Lamartine lui a consacrée : « La » vallée de Josaphat — dit-il — c'est un fossé naturel creusé entre deux monti- » cules de quelques cents pieds d'élévation, dont l'un porte Jérusalem et l'autre » la cime du mont des Olives... Son aspect est conforme à la destination que les » idées chrétiennes lui assignent. Elle ressemble à un vaste sépulcre, trop étroit » cependant pour les flots du genre humain qui doivent s'y accumuler. Dominée » de toutes parts elle-même par des monuments funèbres ; encaissée à son extré- » mité méridionale dans le rocher de Silhoa, tout percé de caves sépulcrales » comme une ruche de la mort; ayant çà et là pour bornes tumulaires les tom- » beaux de Josaphat et d'Absalon, taillés dans le roc vif, et ombragés d'un côté » par les noires collines du mont des Offenses, de l'autre par les remparts du » temple écroulé; ce fut un lieu naturellement imprégné d'une sainte horreur, » destiné de bonne heure à devenir les gémonies d'une grande ville, et où

les murs de Jerusalem, torrent (1) qui est vn petit ruisseau où il passe en temps de pluye quantité d'eaux. Pour l'heure que nous y auons esté, il estoit à sec. Il se void au bord, sur vne pierre de roc, quatre ou cinq marques des piedz de Nostre-Seigneur, qui entrerent miraculeusement dedans, lors que les Juifs le tiroient et le battoient, l'amenant du Jardin des Oliues et le voullant faire passer au trauers dudict torrent, par meschanceté, y ayant vn pont vn peu plus hault.

Estant descenduz le long de la vallée de Josaphat trois ou quatre cens pas, auons trouué à main droicte la fontaine de la Vierge (2), où elle prenoit de l'eau et lauoit ses linceulz, pres de laquelle les Turcs y ont faict vne mosquée, ce qui tesmoigne la deuotion qu'ilz y ont. Nous sommes descenduz à ladicte fontaine, qui est comme soubz vn roc, où nous auons pris de l'eau pour faire vn peu de refection de quelques viures que nous auions portez.

Apres estre encores descenduz en ladicte vallée enuiron deux cens pas, auons pris à main droicte par vn chemin qui nous a

» l'imagination des prophètes dut placer sans efforts les scènes de mort, de résur- » rection et de jugement...... »

Appelée d'abord vallée de Savé, du Roi, puis de Melchisédech, la vallée de Josaphat reçut ce dernier nom de celui du prince Josaphat, qui régna sur Jérusalem, mourut 880 ans avant Jésus-Christ, et désira être enterré en ce lieu, près du tombeau d'Absalon. C'est lui qu'a célébré Racine dans *Athalie*, dans cette sublime tragédie que Châteaubriand voulut relire au pied même du tombeau de Josaphat, et qui lui arracha ce cri d'admiration : « Quelle poésie, puisque je la trouvais » digne du lieu où j'étais!... La plume tombe des mains, on est honteux de » barbouiller encore du papier, après qu'un homme a écrit de pareils vers ! ! »

(1) *Le torrent de Cédron* : Il roule, aux époques des pluies, une eau presque roussâtre. Cédron est l'équivalent, en hébreu, de nos termes deuil, noirceur, tristesse.

(2) *La fontaine de la Vierge :* Elle se nomme actuellement encore fontaine de Marie, est située en face du village de Siloan, et va grossir souterrainement les eaux de la fontaine de Siloë, source dont une centaine de mètres la séparent à peine. On y descend « par trente degrez, » dit le baron de Beauvau.

conduictz à la fontaine de Natatorio Siloë (1), qui est aussy dans vn roc fort esleué au dessus de l'eau, de laquelle Jesus illumina vn aveugle-né, du mesme nom. Il faut aussy descendre

(1) *La fontaine de Natatorio Siloë :* Source biblique, source miraculeuse et de tout temps sacrée, c'était son onde que répandaient, chez le peuple de Dieu, les Lévites au jour de la fête des Tabernacles, chantant avec Isaïe — *Haurietis aquas in gaudio de fontibus Salvatoris :* Joyeux, vous puiserez les eaux des fontaines du Sauveur. — J'ai lu, je ne sais plus dans quel ouvrage, que ladite source doit son existence à la mort du plus éloquent des prophètes, du fils d'Amos, qui scié en deux pour satisfaire la vengeance d'un roi de Juda, de Manassez dont il avait gourmandé les vices, éprouva pendant son supplice une soif tellement ardente, qu'afin qu'il l'apaisât Dieu fit sourdre, à l'endroit où l'on martyrisait ainsi son serviteur, la fontaine de Siloë..... Quand le Tout-Puissant, répondant aux cris de détresse de Moïse, antérieurement lui avait dit au désert : Frappe la pierre d'Horeb, je serai devant toi, et l'eau en jaillira, pour que mon peuple boive — il pouvait certes, en faveur d'Isaïe, renouveler pareil prodige..... Mais il ne l'a pas fait ; témoin ce passage d'Isaïe lui-même — *Abjecit populus iste aquas Siloë, quæ vadunt cum silentio:* Ce peuple a rejeté les eaux de Siloë, qui coulent en silence — passage détruisant complétement la pieuse légende dont nous nous sommes souvenu....

Un miracle que rien ne saurait infirmer, par exemple, et que ce lieu vit s'accomplir, fut celui ainsi rapporté dans l'Écriture : Jésus apercevant un aveugle-né, crache à terre, frotte, de la boue de sa salive, les yeux de cet homme, et lui dit : Va dans la piscine de Siloë, et t'y laves. — Et peu après ce malheureux, tout émerveillé d'apercevoir le ciel, expliquait aux Juifs incrédules, comment s'était opérée sa guérison : Je suis allé à Siloë, je m'y suis lavé, et je vois ! !

Cette piscine, encore intacte aujourd'hui, s'élève à l'entrée de la fontaine de Siloë, que du Rozel appelle *de Natatorio*, mot synonyme de *piscina*, et que les Évangélistes ont employé pour désigner ce lieu. Lamartine, en le visitant, a jeté ces lignes sur son carnet :

« Voici la fontaine de Siloë, la source inspiratrice des rois et des prophètes...
» La voilà tout entière, pleine d'eau *limpide et savoureuse*, creusée de vingt mar-
» ches dans le rocher dont la cime portait le palais de David..... Ces marches,
» usées par le pied des femmes qui viennent du village de Siloha y remplir leurs
» cruches, sont luisantes comme le marbre... C'est le seul endroit des environs
» de Jérusalem où le voyageur trouve à mouiller son doigt, à étancher sa soif, à
» reposer sa tête à l'ombre du rocher rafraîchi et de deux ou trois touffes de
» verdure. C'est là que finit la vallée de Josaphat. »

Châteaubriand fut loin, comme Lamartine, de vanter la saveur, la limpidité des eaux de cette fontaine. Il les trouva « saumâtres et assez désagréables au goût. » Des deux illustres écrivains, lequel est dans le vrai ? — Nous ne savons ; mais si nous désirons vivement une chose, c'est de ne pas mourir avant d'avoir pu juger du fait au pied même de la précieuse source.

vn peu pour auoir de l'eau, qui est fort bonne à boire; les Mores et Arabes en viennent querir de tres loin.

Retournant à ladicte vallée par vn autre chemin, sommes passez soubz l'arbre soubz lequel fut martyrisé et scyé le prophete Isaïe, par le milieu du corps, comme vne piece de bois. Cet arbre est fort large, auecq quantité de branches. Ne pouuant dire de quelle sorte il est, ceux du pays disent qu'il n'apporte point de fruict. Il y a entour comme vn petit enclos en forme de haye, remply de terre, pour en conseruer le pied. Et reuenuz dans ladicte vallée, sommes descenduz quasy jusques au bas, au puits d'Ananyas le prophete, tres profond, où il fut enfermé et retenu fort longtemps par les Infidelles, qui ly voulloient faire mourir, et où il a faict plusieurs merueilles, mesmes conserué du feu dans l'eau par vn longtemps (1). Les Turcs ont basty vne mosquée aupres. De là sommes retournez vers Jerusalem; et prenant à main gauche, comme tirant vers le mont Sion, sommes allez à la Terre Saincte (2), qui estoit vn champ qui fut

(1) *Le puits d'Ananyas le prophete* : Aucun « Ananyas » n'existe parmi les prophètes et nous ignorons où du Rozel a pu prendre celui-là. Si nous avions rencontré dans les *Vies des Saints*, ou dans les *Actes des Martyrs*, mention de ce » feu conserué vn longtemps au fond de ce puits, » nous eussions pu rectifier en partie l'erreur de notre pèlerin. Mais nos recherches, nous sommes bien forcé de l'avouer, ont été vaines. Ce qui, pourtant, ne veut pas dire que nous supposions que le récit de du Rozel soit formellement à repousser.

(2) *Sommes allez à la Terre Saincte :* C'est HACELDAMA, le Champ du Sang, que du Rozel, nous ne savons pourquoi, nomme ainsi. L'évangéliste Matthieu a dit : Les trente pièces d'argent, prix de la trahison de Judas, et rendues par lui, servirent, ne pouvant être remises dans le trésor, à acheter d'un potier un champ pour la sépulture des étrangers. Par le récit de notre auteur, on voit donc qu'en 1644 ce lieu n'avait pas changé de destination. Thevet, qui soixante-dix ans auparavant s'était trouvé retenu prisonnier à Jérusalem, le visita souvent et en parla plus tard, dans sa *Cosmographie universelle*, d'une façon intéressante et neuve. Sa note complétant le passage ci-dessus de du Rozel, nous allons la reproduire :

« *Acheldemach*, autrement le champ du Potier, fut achepté des trente deniers » dont fut vendu Iésus Christ. Les Chrestiens Leuantins ont dans leurs histoires,

achepté des trente deniers dont Judas vendit Nostre-Seigneur, lesquels il rendit auant que se mesfaire. En ce champ on a faict comme vne grande caue toutte muraillée ou taillée dans le roc, et voultée de pierre de taille, pour seruir de monument aux chrestiens. Il y a dessus plusieurs ouuertures ou fenestres faictes expres dans la voulte, par lesquelles l'on descend les corps. Il ny a pourtant, à present, que les Armeniens qui y soient mis, chascune sorte de chrestiens ayant son cymetiere separé. Il ne laisse dy auoir beaucoup de corps, qui se voyent facillement, mais je croy qu'ilz sy conseruent long temps.

Nous auons continué de cheminer vers ledict mont Sion, auquel nous sommes enfin arriuez, et l'auons sailly (1). Ce mont ne nous doibt pas estre en moindre consideration que celuy du Caluaire, puisque Nostre-Seigneur y a operé de sy haultz mysteres pour nostre saluation. Premierement, c'est en ce lieu où

» que c'est où se retirerent les Disciples de Nostre-Seigneur, durant sa passion. » Ceste place fut acheptée pour la sepulture des pauures Pelerins : mesmement » elle est encores auiourdhuy close de murailles, qui furent faictes par la dili- » gence de sainte Heleine. Et me souuient, que lors que la peste estoit parmy les » Chrestiens, tous les morts furent conduicts en ce champ, les vns sur chameaux » et asnes, et les autres sur des siuieres à braz : chose autant pitoyable que l'on » eust pu voir. Au-dessus de la Masure, faite en quarré, y a sept pertuiz ouuerts, » ausquels les Mahometans ne font iamais mal. Quelques uns ont escrit, que les » corps qui y estoient mis, se pourrissoient et consumoient en vingt-quatre heures ; » mais à cela on doit autant adiouster de foy, qu'à ceux qui disent, que les morts » que l'on enterre à S. Innocent à Paris, sont au bout de neuf iours reduits en » cendre. »

(1) *La montagne de Sion :* C'est, dit Châteaubriand, un monticule d'un aspect jaunâtre et stérile, ouvert en forme de croissant du côté de Jérusalem, à peu près de la hauteur de Montmartre, mais plus arrondi au sommet. — André Thevet, en nous apprenant que « le mont de Sion estoit le lieu de sa residence ordinaire, » du temps qu'il estoit pardelà, » ajoute, en forme de renseignement sur l'élévation de la sainte montagne : « Munster, en sa *Cosmographie*, prétend que qui vou- » droit en perspective prendre la hauteur du mont Syon, il trouveroit que certe » elle excederoit plus de trois bonnes lieuës la ville, et autant distante : chose » mal considerée à luy, veu que le mont n'est point de quinze à dixhuict pieds » plus hault que ladite ville : voire si peu, qu'allans de l'vn à l'autre, on ne s'en » apperçoit quasi point, n'y ayant de distance que quelques deux iects de pierre. »

il a institué le tres sainct et tres auguste sacrement de l'Eucharistye, où il a faict la Cesne à ses Apostres; la cuisine où se rostit l'aigneau y est encores. C'est là aussy où il laua les piedz à sesdicts Apostres; où il entra, apres sa resurrection, dans la chambre en laquelle estoient assemblez ces derniers, les portes et fenestres estant fermées, et sans les ouurir; où sainct Thomas le toucha à sa playe du costé, et recogneut que c'estoit luy; et où le Sainct-Esprit descendit sur la Vierge et les Apostres, le jour de la Pentecoste, en forme de colombe. C'est enfin le lieu où demeura la Vierge, appres la passion de son cher Filz, et où elle est morte (1). Et en ce lieu mesmes sont encores les sepulchres de Dauid (2) et de Salomon. Les religieux de Jerusalem y faisoient ordinairement leur demeure, dans vn beau conuent et vne belle et rare esglize sur laquelle est vn dome couuert de plombs, que saincte Heleyne y auoit basti au lieu où touttes ces merueilles ont esté faictes, mais les Turcs en ont chassé lesdicts religieux et font habiter le conuent par vn de leurs santums (3), et de l'esglize du mont Sion (4) en ont faict vne mosquée où ilz

(1) *Lieu où la Vierge est morte :* Voir plus haut, page 48, note 1, ce que nous disons à ce sujet.

(2) *Le sepulchre de David :* Mme de Lamartine ne put obtenir l'autorisation de le visiter, ainsi qu'elle le raconte dans le *Voyage* de son mari : « Lorsque nous » voulûmes, dit-elle, voir le souterrain où la tradition place les os du roi-prophète, » les Turcs s'y opposèrent, et nous déclarèrent que l'entrée en était absolument » interdite. Ils supposent que des richesses immenses ont été ensevelies dans ce » caveau royal, que les étrangers en possèdent le secret, et viennent pour les » découvrir et les dérober. »
Il faut croire, cependant, que Châteaubriand ne s'en était pas vu, lui, refuser l'entrée, puisqu'il en a donné cette description : « C'est une petite salle voûtée, où » l'on trouve trois sépulcres de pierre noirâtre. »

(3) *Santums :* Lisez santons. (*Voir* page 51 la note consacrée à ce dernier mot.)

(4) *L'esglize du mont Sion :* Cette église, aujourd'hui mosquée, porta dès sa fondation le nom de Saint-Cénacle, pour rappeler qu'en son enceinte avait eu lieu la dernière pâque du Christ, et que là étaient également réunis les Apôtres quand Dieu leur envoya l'Esprit de Science et de Force. Cénacle vient du latin

ne permettent à aucuns chrestiens d'entrer, non plus que dans le temple.

Prés de là est le cymetiere des Francs, qu'ilz appellent, soubz lequel ilz comprennent les Italiens, Espagnolz et autres chrestiens, qu'ilz nomment tous de ce nom, ny ayant que le Roy de France de veritable et utile protecteur de Terre Saincte. Estant encores vn peu aduancez, auons trouué à main gauche vne sente ou petit chemin entre deux hayes, au bout duquel est la demeure de Cayphe, l'vn de ceux qui jugerent Jesus, et chez lequel il fut mené. Il y a vne petite cour entourée de vieilles maisons basses; ce sont religieux armeniens qui les occupent, qui disent sçauoir par tradition que la pluspart sont encores du temps de Cayphe. Ilz montrent le lieu où sainct Pierre renia Nostre-Seigneur, et la colomne sur laquelle le coq chanta, comme Jesus le luy auoict predict, le hault de laquelle est à Rome, dans l'esglize Sainct-Jean-de-Latran, et qui a en effet du rapport a la coulleur de la pierre. Aupres de cette colomne est vne petite esglize deseruye par lesdicts Armeniens, dans l'autel de laquelle est la pierre qui estoit sur le Sainct Sepulchre de Nostre-Seigneur, dont ilz ont laissé vn coin descouuert pour exciter la deuotion des chrestiens. A main droicte dudict autel, comme l'on entre dans l'esglize, est vn cachot dans la muraille, où Cayphe mist Jesus en prison la nuict precedente sa passion, appres luy auoir faict souffrir

cœnaculum, qui veut dire salle à manger, et aussi pièce retirée, élevée, propre à la prière, à la méditation. Au moyen âge le mot cénacle fut presque inusité ; on lui préféra le terme cénaille; mais à la longue le sens étymologique prévalut, et cénaille tomba dans l'oubli. Le Saint-Cénacle fut le *premier* monument consacré par les chrétiens au culte du Seigneur, puisque Pierre y rassembla les Apôtres et qu'avant de se séparer pour évangéliser les nations tous ces disciples de Jésus y implorèrent l'appui de leur Divin Maître. Enfin Jacques le Mineur, ou le Juste, neveu de la Vierge, voulut que ces mêmes voûtes entendissent les vœux qu'il adressa au Ciel lorsqu'après l'Ascension de l'Homme-Dieu on le chargea de gouverner l'Église de Jérusalem ; il reçut donc en ce lieu les insignes de la dignité épiscopale.

beaucoup de tourmentz. L'on ny void point, et ne sy peult-on coucher, ny mesmes qu'à peine agenouiller, tant il est serré. Et allant en Jerusalem auons passé par vn carrefour, ou croix chemin, qui est le lieu où les Juifs voullurent oster le corps de la Vierge aux Apostres, qui le portoient à son sepulchre, apres son decedz; et par la violence desdicts Juifs ce sacré corps estant tombé par terre il ne leur fut pas possible de le pouuoir releuer, quoy qu'ilz fussent grand nombre; et l'ayant quitté, vn seul desdicts Apostres l'enleua deuant eux, lesquelz voyant apparemment le miracle, ne leur donnerent plus d'empeschement (1). Sortant de là, nous nous sommes retirez; mais auparauant que rentrer dans la ville sommes descenduz à main droicte, le long des murailles, à la grotte où sainct Pierre a pleuré amerement son péché et faict penitence. Cette grotte est sousterraine et fort petite, proche lesdicts murs, où appres auoir faict nos prieres comme es autres lieux d'indulgences sommes retournez au conuent.

(1) *Les Juifs voulurent oster, par la violence, le corps de la Vierge aux Apostres :* Ce fait a quelque chose de si pénible, de si blessant pour un chrétien, que nous sommes surpris qu'en le rapportant du Rozel n'en ait pas au moins démontré la fausseté... Eh quoi ! le corps sacré de la Vierge serait ainsi demeuré sur la voie publique, souillé, tiraillé par les Juifs ! Ces mécréants, pour s'en rendre maîtres, eussent soutenu contre les Apôtres un véritable pugilat, foulant aux pieds, peut-être, pendant la lutte, les restes mortels de la Mère du Christ — du Christ, qui, Dieu, pouvait d'un signe foudroyer les profanateurs ! !... Ah ! si nous lisons toujours avec plaisir les légendes et les naïfs récits que nous ont légués les premiers siècles du christianisme, il ne s'ensuit pas, cependant, que nous les acceptions sans examen. Notre foi, quand le dogme lui manque, en appelle à la raison. C'est donc la raison qui nous conseille, ici, de refuser créance à cette ridicule histoire. Que peut-elle être, en effet, sinon l'écho affaibli, ou plutôt dénaturé, d'une lointaine, d'une pitoyable tradition ?

VII

Les Stations des Saints Lieux (*Suite*).

Colonne de la Sentence. — Grotte de Jérémie. — Sépulcre des Rois. — Piscine Probatique. — Maison de sainte Anne. — Lieu de la Flagellation. — Maisons de Pilate et d'Hérode. — Rue ou la Vierge rencontra Jésus portant sa croix. — Pierre sur laquelle il tomba. — Maisons de sainte Véronique, de saint Matthieu et du juge Anne. — Olivier auquel fut attaché Jésus. — Église élevée a l'endroit ou saint Jacques fut décapité. — Maisons de saint Thomas, des trois Marie et de Zébédée. — Ruines du couvent des chevaliers de Saint-Jean-de-Jérusalem. — Prison de saint Pierre.

'ay paracheué le 8 octobre de faire les Stations, tant dans la ville que ceux qui restoient dehors; et sont venuz auecq moy deux peres et deux freres dont l'vn, qui est natif du pays, nous seruoit de truchement. Et premier sommes allez à la Colomne où jadis fut attachée la sentence de condamnation de Nostre-Seigneur (1), qui est à vn coin de rue, à main gauche, comme l'on y va du conuent. L'on auoit basty dessuz vne maison qui est à present ruinée; elle est haulte d'enuiron demye-picque, de pierre comme marbre noirastre. Simon Cirenée se trouua en ce lieu, qui ayda à Nostre-Seigneur à porter sa croix, depuis là jusques au mont de Caluaire (2).

(1) *La colomne où fut attachée la sentence de condamnation de Nostre-Seigneur :* C'est de la porte Judiciaire, également nommée de Damas et de la Colonne, qu'il s'agit ici; on y conduisait les condamnés à mort, pour y entendre lecture de leur sentence. Depuis de nombreux siècles, elle est enclavée dans Jérusalem.

(2) *Simon Cirenée :* Châteaubriand, dont la description des stations de la Ville Sainte est si précise et si touchante, dit que Simon le Cyrénéen venait de la porte de Damas, quand il rencontra Jésus chargé de sa croix.

Estant proches de la porte des Pasteurs, aultrement des Pelerins, sommes sortis hors la ville et allez à la Grotte de Jeremye(1), prophete, où il a faict ses lamentations, qui en est esloignée de cinq ou six cens pas. Ceste grotte est la plus grande et la plus belle que j'aye veue, estant comme taillée dans le roc, qui la couure, sans estre soustenu que d'allentour, comme en forme de piliers taillez dudict roc, entre lesquelz sont des ouuertures qui y rendent de la clarté comme dans vne chambre. L'on void la couche et lieu où ledict prophete reposoit, qui est esleué du bas de cinq ou six piedz, et semble qu'il ayt aussy esté taillé dans le roc. Les Turcs s'en sont emparez. Il y demeure vn de leurs sanctums, qui en faict comme vne mosquée, et pres d'icelle y a faict bastir vne maison. L'on luy paye vn maydin de caphare par pelerin.

Puis auons esté aux Sepulchres où estoient mis les Rois de Jerusalem (2), du temps de l'Antien Testament, qui sont encores

(1) *Grotte de Jeremye :* Le baron de Beauvau, qui la visita avant du Rozel, lui assigne les dimensions suivantes : « Elle est longue de vingt-six pas, et large de » vingt-trois. »

(2) *Sepulchres où estoient mis les Rois de Jerusalem* : Dans son *Itinéraire de Paris à Jérusalem*, l'auteur des *Martyrs* s'est livré à une longue et savante discussion sur ces sépulcres, auxquels on assigne différents noms, différents âges. Il eût voulu, surtout, apprendre à ses lecteurs le nom, le véritable titre des personnages dont les cercueils et les ossements s'y voyaient encore vers la fin du VIIe siècle, selon le témoignage d'Arculphe, théologien français qui parcourut l'Orient à cette époque. Mais science, érudition, recherches ont été prodiguées inutilement, en cette circonstance, par le brillant écrivain : il n'a rien prouvé, rien éclairci ; la mort a gardé son secret, laissant au vicomte les *conjectures* comme fiche de consolation. Constatons néanmoins qu'il en usa modérément, car c'était un esprit sage et consciencieux. Il se borna à classer « les sépulcres des Rois au nombre des » monuments grecs et romains exécutés par les Juifs ; » puis — les *supposant* bâtis par le chef de la maison d'Hérode, par Antipater, qui ministre d'Hyrcan II le mit à mort pour régner à sa place (30 ans avant J. C.) — puis il ajouta : « Ces sépulcres » étoient très-nombreux, et la postérité d'Hérode finit assez vite ; de sorte que plu- » sieurs cercueils auront attendu vainement leurs maîtres : il ne me manquoit plus, » pour connoître toute la vanité de notre nature, que de voir les tombeaux d'hommes » qui ne sont pas nés ! Rien, au reste, ne forme un contraste plus singulier que la

sept ou huict cens pas plus loin. Ces sepulchres sont fort remarquables, tant pour leur antiquité que beauté. Ce sont comme grottes sousterraines entaillées dans le roc, comme en voulte, bien vnyes et polyes, et auecq des bordeures, tout autour, de figures en bas-relief taillées dans le roc mesmes. Il y a quatre grottes ou caues, et soubz icelles encores deux autres, et dans chascune d'icelles y a six petitz caueaux comme pour mettre en chascun vn cercueil. Dans vne, il y en a huict, mais aussy dans vne aultre il n'y en a que quatre; et ce qui est tres curieux à voir, c'est qu'à chascune desdictes caues il y a vne porte taillée du mesme roc, sans que la piece aye esté leuée de son lieu, comme par effect, sy se peult dire. Elle y tient encores par deux piuotz de la mesme piece, qui sont à deux des coins, l'vn au hault, l'aultre au bas, sur lesquelz elle tourne et s'ouure, et seruent au lieu de gondz et pentures pour les suspendre.

Appres quoy sommes reuenuz dans la ville, et rentrans par la porte Sainct-Estienne, prenans vn peu à main gaulche auons

» frise charmante sculptée par le ciseau de la Grèce sur la porte de ces chambres » formidables où reposoient les cendres des Hérode. Les idées les plus tragiques » s'attachent à la mémoire de ces princes; ils ne nous sont bien connus que par » le meurtre de Mariamne, le massacre des Innocens, la mort de saint Jean- » Baptiste et la condamnation de Jésus-Christ. On ne s'attend donc point à » trouver leurs tombeaux embellis de guirlandes légères, au milieu du site » effrayant de Jérusalem, non loin du temple où Jéhovah rendoit ses terribles » oracles, et près de la grotte où Jérémie composa ses *Lamentations*. »

Ajoutons à notre tour, pour donner plus de force encore à cette opinion, que nous l'avons vue généralement émise par les voyageurs et les historiens les plus anciens; ce qui milite en sa faveur, puisqu'elle se confond ainsi avec la tradition même. Quand du Rozel avance « que les Rois de Jérusalem estoient mis en ces » sepulchres, du temps de l'Antien Testament, » il est donc, peut-être, moins près de la vérité, que Châteaubriand. Et d'ailleurs il a pu, trompé par le nom donné au funèbre monument, complétement oublier, au profit des Rois du Peuple de Dieu, les tétrarques, les princes qui gouvernèrent la Judée après l'invasion romaine. Devant ces antiques tombeaux, le digne pèlerin, tout rempli des souvenirs bibliques, et s'y complaisant, aura songé aux Salomon, aux Ézéchias, aux Machabées, bien plutôt qu'aux tyrans leurs successeurs... Comment s'en étonner? Et j'en connais beaucoup qui l'eussent imité.

veu la Propaticque, piscine qui est à vne des portes du Temple (1). C'est comme vn grand viuier muraillé; autour il y auoit sept portes, comme au Temple, pour y descendre, par lesquelles l'on y plongeoit les lepreux, qui miraculeusement, et par vertu diuine, estoient guaris; sur le bord de laquelle Nostre-Seigneur ayant trouué vn pauure languissant de ce mal, lequel n'auoit pu trouuer personne par l'espace de trente ans qui luy jetast, alors apparut vn ange qui l'y plongea, et fut guary.

D'où nous sommes reuenus sur nos pas et repris le chemin comme sy eussions voullu aller au conuent, et à main droicte auons trouué la maison de saincte Anne, où elle accoucha de la Vierge. C'est comme vne grotte sousterraine, sur laquelle saincte Heleyne auoit faict bastir vne belle esglize qui y est encores, et, attenans,

(1) *La piscine Propaticque* : Notre auteur commet plusieurs erreurs, à l'égard de cette piscine : il en défigure le nom, puis il rapporte de la plus inexacte façon le miracle qu'y accomplit le Rédempteur.

Rectifions tout cela.

Le nom doit être écrit *Probatique*, et le miracle, ainsi raconté :

— Il y a dans Jérusalem, au marché, une piscine appelée Probatique, et en hébreu Bethsaïda ; elle a cinq portiques, sous lesquels aveugles, malades, paralytiques, boiteux, viennent à l'envi se plonger au moment favorable. Et ce moment est celui où l'eau, agitée par la main d'un ange envoyé du ciel, devient complétement trouble. Alors, qui s'y baigne le premier recouvre la santé. Jésus, passant un jour en ce lieu, aperçoit un malade, couché là depuis trente-huit ans ; il lui dit :

— Veux-tu être guéri?

— Oui, Seigneur. Mais comment, puisque n'ayant personne qui me mette à l'heure voulue dans la piscine, je ne puis que m'y traîner, et qu'ainsi j'y suis toujours devancé par les autres ?

— Eh bien ! lève-toi, prends ton lit, et marche !

Et, nous dit l'évangéliste saint Jean — *Statim sanus factus est homo ille, et sustulit grabatum suum, et ambulabat :* Et aussitôt l'homme fut guéri, et il porta son lit, et il marchait. — Ce récit, on le voit, diffère *un peu* du récit de du Rozel, erroné de tout point.

Selon Châteaubriand, la piscine Probatique est le seul monument qui reste, à Jérusalem, de l'architecture primitive des Juifs, de la cité de David et de Salomon ; et c'est aussi l'avis des archéologues les plus compétents. Aujourd'hui desséchée et presque comblée, nopals, grenadiers, tamarins l'ont envahie, mais sans en dissimuler encore ni les dimensions ni la maçonnerie. Elle était longue de cinquante mètres, et large de quatorze.

vn conuent auecq de beaux cloistres tant haultz que bas, dont vn sanctum s'est emparé, qui y faict sa demeure, et de l'esglize en a faict vne mosquée. L'on luy paye vn maydin de caphare.

A la sortye, continuant nostre chemin le long de la mesme rue, auons trouué à la mesme main le lieu où Nostre-Seigneur fut flagellé (1), sur lequel auoit esté basty vne esglize dont le bacha de Jerusalem faict son escurye; aussy y auons-nous trouué ses cheuaux. Il fault donner deux maydins à ses gens pour y entrer.

De l'aultre costé de la rue est la maison dudict bacha, qui est celle de Pilate, de laquelle le plan et la cour est fort esleuée au-dessus de la rue, mais la montée est toutte vnye, en sorte que les cheuaux y montent facillement. C'est là qu'estoit l'eschelle de vingt-huict degrez de marbre qui est à Sainct-Jean-de-Latran, à Rome, sur laquelle Nostre-Seigneur tomba portant sa croix, et y espandit son sang (2). Les maisons qui sont à present en cette cour, sont basses et modernes, et ne sy void plus rien de l'antiquité. C'est là que commence la *Strade douloureuse* (3), qui continue jusques au Caluaire.

La maison d'Herodes est là proche, de l'aultre costé de ladicte rue, allant vers le conuent, plus retirée arriere que les aultres, sur vne eminence, le jardin deuant, qui borde la rue; mais l'on ny peult entrer, estant occupée par vn santum qui ne le veult

(1) *Le lieu où Nostre-Seigneur fut flagellé :* Le baron de Beauvau en parle comme suit : « J'entray dans ceste maison... où l'on nous monstra l'endroict où » estoit la Chambre de la Flagellation... il y a deux arcades conioinctes par vne » colomne... on s'en sert à ceste heure pour vne cuysine. »

(2) *L'eschelle de vingt-huict degrez de marbre*, *etc.* : Cette échelle est bien, en effet, la *scala santa* qu'on voit à Rome; mais Jésus, comme on le dit ici, « ne » tomba pas dessus, portant sa croix; » il en gravit les degrés pour s'entendre juger par les hommes, et les redescendit condamné au supplice des coupables par l'ambition d'un gouverneur romain.

(3) *La Strade douloureuse :* La Voie douloureuse. Strade, inconnu dans notre langue, est emprunté à l'italien (*strada :* rue, voie).

permettre. Elle paroist fort belle par le dehors, et semble que ce soient les choses mesmes du temps d'Herodes (1). De ce jardin l'on monte en vne gallerye qui passe sur la rue où Herodes monstra Nostre-Seigneur au peuple de Jerusalem, l'ayant vestu d'vne robbe blanche et couronné d'espines, par derision, leur disant : *Ecce homo* (2). Cette gallerye est toutte ruinée, et n'y va-t-on pas asseurément. Il fault donner deux maydins aux gens dudict sanctum, pour y monter.

En la mesme rue, vn peu plus loin, et de l'aultre costé, est vne pettite ruelle qui ferme sur cette rue, y ayant vne porte comme moyctyé cochere, où la Vierge se rencontra auecq les trois Maryes, lorsque Nostre-Seigneur passoit portant sa croix, et tomba pasmée (3).

(1) *Palais d'Hérode :* Du Rozel, qui n'en a pu voir que les dehors, déclare qu'il « semble que ce soient les choses mesmes du temps d'Herodes. » C'est trop s'avancer. Châteaubriand, meilleur juge que lui sous ce rapport, va nous servir à rétablir la vérité : « Ce palais, affirme-t-il, est une ruine dont les fondations seu» les appartiennent à l'antiquité. »

(2) *Herodes monstra Nostre-Seigneur couronné d'espines au peuple de Jerusalem :* Ce n'est pas Hérode, chacun le sait, qui tenta d'exciter la pitié des Juifs en faveur de Jésus, en le leur présentant tout sanglant et meurtri, après la flagellation. Ce fut Pilate. Écoutons saint Jean — *Exivit Pilatus foras, et dicit eis* (Judæi) .... ECCE HOMO : Pilate sortit, et dit aux Juifs... VOILA L'HOMME. — Cette erreur de notre pèlerin, nous étonne. Ajoutons, comme nouvelle rectification, que le Christ était alors vêtu d'une casaque pourpre, et non point d'une robe blanche.

(3) *Jesus, portant sa croix, rencontra la Vierge auecq les trois Maryes :* Il ne nous souvient pas d'avoir jamais lu que les trois Marie se soient, en compagnie de la Vierge, trouvées sur le passage du Christ marchant au supplice ; mais nous ne saurions oublier les lignes suivantes, dans lesquelles Châteaubriand retrace la poignante douleur qu'éprouva la Vierge, en voyant Jésus courbé sous sa croix : « A » cent vingt pas de l'arc de l'*Ecce Homo*, on me montra, à gauche, les ruines d'une » église consacrée autrefois à Notre-Dame-des-Douleurs. Ce fut dans cet endroit que » Marie, chassée d'abord par les gardes, rencontra son Fils chargé de la Croix. Ce » fait n'est point rapporté dans les Évangiles ; mais il est cru généralement sur » l'autorité de saint Boniface et de saint Anselme. Saint Boniface dit que la Vierge » tomba comme demi-morte, et qu'elle ne put prononcer un seul mot : *Nec verbum » dicere potuit*. Saint Anselme assure que le Christ la salua par ces mots : *Salve, » Mater !* Comme on retrouve Marie au pied de la Croix, ce récit des Pères n'a rien

Vn peu plus auant, au coing d'vne rue qui destourne à main gauche et mene au bazar ou marché, est vne grosse pierre sur laquelle Nostre-Seigneur tomba portant sa croix et y espandit son precieux sang, où les Juifs recommencerent à l'exceder et traisner dans la rue.

Nous auons encores continué cette rue jusques à la maison de la Veronique, qui est peu esloignée et du mesme costé de main gauche. L'on n'y peult entrer, estant possedée par vn Turc qui ne le permet. La maison est basse et fort antienne (1); il y a quelques marches pour y monter, sur lesquelles la Veronique (2) estant et voyant venir Nostre-Seigneur tout plain de fange, boue et crachatz, luy passa vn linge qu'elle auoit deuant elle, sur la face, qui y demeura miraculeusement imprimée.

De là sommes reuenuz sur nos pas et destournez par ladicte rue qui va au bazar, où au lieu de la suiure tout du long auons pris par vne petite rue à main droicte qui nous a menez à la maison de sainct Matthieu, dans laquelle les Turcs font leur Hostel-Dieu, et tous pauures, tant Turcs que Chrestiens, y sont bien venuz et y peuuent journellement aller querir du potage et du pain. Il y auoit vne esglize, dont les Turcs ont faict mosquée.

» que de très-probable; la foi ne s'oppose point à ces traditions; elles montrent à » quel point la merveilleuse et sublime histoire de la Passion s'est gravée dans la » mémoire des hommes. Dix-huit siècles écoulés, des persécutions sans fin, des » révolutions éternelles, des ruines toujours croissantes, n'ont pu effacer ou cacher » la trace d'une Mère qui vint pleurer sur son Fils. »

(1) *La maison de la Veronique :* Nous rappelons au lecteur qu'il doit se tenir complétement en garde contre l'authenticité prétendue de tous ces logis des personnages bibliques, et le renvoyons, à cet égard, aux pages 54 et 55 ci-dessus, où nous disons ce qu'il en faut penser.

(2) *La Veronique :* Le véritable nom de cette sainte femme, selon Moréri, était Bérénice. Ce fut en raison même de la touchante action qu'elle accomplit, que par la suite on l'appela Véronique (de *vera icon :* vraie image), et afin, aussi, de perpétuer la mémoire du miracle auquel cette action donna lieu : la figure du Christ fidèlement reproduite sur chacun des plis du mouchoir de Bérénice, qui, d'après la tradition, se trouvait plié en trois.

Deuant cette maison, de l'aultre costé de la rue, est vn petit logis où ledict sainct Matthieu fut esleu apostre, dont l'on auoit aussy faict vne chapelle, à present mosquée.

Nous sommes encores retournez sur nos pas, et auons passé par ledict bazar et cheminé vers les murs de la ville, du costé du Temple, que nous auons suiuy jusques à la maison d'Anne, l'vn des juges de Nostre-Seigneur, et où il fut mené et attaché à vn oliuier qui est encores là, dans la cour. Les maisons qui sont entour de cette cour paroissent bien estre les mesmes d'Anne, estant basses et fort antiques. Elles sont occuppées par des religieux armeniens qui les conseruent bien, et particulierement cet oliuier, le pied duquel ilz ont rehaussé de terre (1). Il est au bout d'vne de ces maisons, au coin de laquelle est vne pierre que l'on dict auoir parlé à vn homme qui cherchoit vn homme juste lorsque Nostre-Seigneur estoit attaché à cet oliuier, et luy dist : « Voilà l'homme juste que tu cherches. » Il y a vn creux comme en forme de bouche, à cette pierre (2).

Poursuiuant nostre chemin vers le conuent, auons passé au lieu où sainct Jacques a eu la teste tranchée, où est vn conuent d'Armeniens qui y ont vne tres belle esglize bien peinte et ornée, la plus belle non seullement de Jerusalem, mais mesme de tout le Leuant. A costé de l'autel, à main gauche comme l'on entre, est la pierre sur laquelle l'on appuya la teste dudict sainct Jacques pour la luy trencher; elle est teinte encores de son sang. Ilz ont fort bien decoré ce lieu de beau marbre et jaspe, or, argent et pierreryes.

(1) *Olivier auquel fut attaché Jésus :* Le baron de Beauvau le mentionne également : « Chez le pontife Annas, dit-il, nous vismes vn Oliuier à sept tieges, et » fort vif et verd, auquel le Christ attaché demeura vne nuict. »

(2) *Vne pierre que l'on dict auoir parlé à vn homme :* « Je suis celui que vous » cherchez, » dit le Christ aux soldats qui accompagnaient Judas. Voilà des paroles consignées dans l'Évangile ; mais ce serait en vain qu'on y voudrait trouver celles à peu près semblables que notre auteur prête si bénévolement à une pierre!...... Il est vraiment fâcheux qu'on puisse se faire l'écho de pareilles fables.

Ensuitte sommes allez à la maison de sainct Thomas (1), où l'on destourne par vne petite ruelle à main droicte; puis, reprenant nostre chemin, auons passé à celle des trois Maryes, et à celle de Zebedée, pere de sainct Jean et de saint Jacques, en touttes lesquelles maisons l'on ne peult entrer, estant occuppées par des Turcs, qui ne le veullent permettre; l'on y va seullement pour y gaigner les indulgences concedées. L'on cognoist assez leur antiquité par le dehors, sans y entrer, estant mesmes la pluspart en ruine.

Au lieu d'aller droict au conuent, sommes descenduz au lieu où estoit le conuent des cheualiers de Sainct-Jean-de-Jerusalem (2), à present de Malthe, portant le nom du lieu où ilz habitent; aussy le faisoient-ilz en Jerusalem, puisqu'ilz habitoient au lieu où estoit la maison de sainct Jean, et où il sacrifyoit et disoit la messe en vn oratoire ou chappelle qu'il y auoit faict faire. Ce

(1) *La maison de sainct Thomas :* Sur son emplacement on a bâti une église; ce qu'oublie de mentionner du Rozel, mais ce que le baron de Beauvau a soin de préciser; et il ajoute : « Les Turcs voulans par plusieurs fois l'emploier en Mosquée, » en ont tousiours esté empeschez par vn *espouuentable Serpent* qui les vouloit » deuorer. » Et si nous rapportons ce dire, c'est pour prouver que du Rozel n'est pas le seul qui ait, en Palestine, prêté une oreille trop attentive aux contes absurdes qu'y débitent si volontiers de lourds et d'ignorants ciceroni.

(2) *Le conuent des cheualiers de Sainct-Jean-de-Jerusalem :* L'opinion la plus accréditée, est que cet ordre militaire et religieux fut établi dans la sainte cité, au début du règne de Godefroy de Bouillon, en 1099, par un chevalier de Provence nommé Gérard Tom. Gardiens vigilants du Sépulcre du Rédempteur, ils eurent aussi pour mission de protéger les pèlerins, de les défendre contre les Infidèles. On connaît et les immenses services qu'ils rendirent aux chrétiens, et les vicissitudes qui vinrent les affliger. Ainsi les Turcs les chassèrent successivement de Jérusalem (1188), d'Acre (1310), et de Rhodes (1522). Dotés, en 1530, de l'île de Malte par Charles-Quint, ils la conservèrent glorieusement jusqu'en 1801, date à laquelle le siége de cette noble institution, qui commençait à ne plus exister que de nom, fut transféré à Catane, et enfin à Rome, au cours de 1831. — Aujourd'hui, l'emplacement qu'occupait à Jérusalem le couvent de ces preux, de ces frères hospitaliers, est converti en une espèce d'enclos, veuf de ruines, assez vaste, et dans lequel on n'aperçoit que quelques cyprès rabougris, malingres, un palmier et deux ou trois oliviers.

sont les vrays cheualiers du Sainct-Sepulchre, aussy leur conuent en estoit-il tout proche. Il y a apparance qu'il estoit fort grand et bien basty, y ayant encores plusieurs voultes comme en forme de salles et cloistres quasy en leur entier.

Descendant encores vn peu plus bas, est la prison de sainct Pierre, qui est comme vne grotte entaillée dans vn rocher, dans laquelle les Juifs l'auoient enfermé (1), et, non contents, l'auoient lyé et attaché piedz et mains auecq des chaisnes, et le faisoient encores garder par des soldats, d'où vn ange le vint desliurer et le sortit sans ouurir la porte et sans que les soldats et geolliers s'en apperceussent; il n'auoit garde d'ouurir des fenestres, car il n'y en a point. L'on paye encores là vn maydin de caphare.

Ce sont touttes les stations de la ville et d'entours, fors l'enclos du Sainct-Sepulchre, pour lesquelles l'on compte de chemin, 12 mil.

(1) *La prison de Pierre :* Pierre ne fut pas emprisonné seul, à Jérusalem ; tous les Apôtres le furent avec lui, et comme lui se virent également délivrés par un ange. (Voir les *Actes des Apôtres*, chap. v, versets 18 à 24.)

VIII

Bethléem et ses Environs.

Piscine de Bethsabée. — Ville du Mauvais-Conseil. — Le Térébinthe sacré. — Fontaine des Trois-Rois. — Champ d'Habacuc. — Couche et Couvent d'Élie — Chateau de Jacob. — Champ ou des laboureurs virent leurs pois métamorphosés en pierres. — Sépulcre de Rachel. — Citerne et Chateau de David. — Bethléem. — Grotte ou naquit Jésus. — Sépulcres des saints Jérome et Eusèbe, de sainte Paule et de sa Fille.

e 9 octobre, appres le seruice, je suis allé en Bethleem, accompagné de deux freres et d'vn truchement du conuent dudict Bethleem, qui estoit venu le matin pour nous conduire et empescher le tort et les courses que les Arabes nous pourroient faire, pour quoy l'on luy donne vn quart de piastre. Sommes sortis par la porte du mesme nom de Bethleem, où proche d'icelle, à main gauche, est la piscine de Bersabée (1), où elle se baignoit, qui est bien plus grande que la Propatique, et murée allentour; proche d'icelle estoit sa maison, et vn peu au dessus, à la mesme main, estoit le pallais de David (2), dont se void encores de belles ruynes.

(1) *Piscine de Bersabée :* A l'époque où du Rozel la vit, elle était déjà abandonnée ; le baron de Beauvau le constate en ces termes : « Auiourd'huy (1615), » elle est à sec, l'eau coulant par dessus la chaussée. » Châteaubriand dit aussi qu'elle n'est plus « qu'un fossé large et profond, mais sans eau. » Quand Bethsabée, femme d'Urie, fut aperçue s'y baignant, par David, cette piscine, selon Villamont, devait être longue de deux cent quarante pas, et large de soixante.

(2) *Le pallais de David* : D'Anville, le savant géographe, a prouvé que la tour actuellement appelée des Pisans, à Jérusalem, avait été bâtie sur les ruines mêmes du palais de David.

Enuiron à deux portées de mousquet de là, tousiours à la mesme main, est la ville du Mauvais-Conseil (1), ainsy nommée parce que l'on dict par tradition que ce fut en ce lieu que les Juifz resolurent premierement la mort de Nostre-Seigneur.

Vers la moyctié du chemin, et sur le bord d'iceluy, à main gauche, est le therebinte (2) dont vne branche s'esclatta et s'abaissa pour couurir la Vierge, qui portoit son Filz, et la garantir d'vne grande pluye. Les Turcs mesmes ont deuotion à cet arbre, et y a excommunication d'en oster des grosses branches; la feuille en est à peu pres comme du saulle, mais le bois n'est pas semblable, y ayant plus de neudz, et estant plus fort. Il y a indulgence y faisant ses prieres. Comme aussy à la fontaine des Trois-Rois, qui est vn peu plus loin, au milieu du chemin. Ce fut là que l'estoille leur réapparut, les ayant laissez en Jerusalem, et recommença à les conduire.

Ayant encores vn peu cheminé, auons passé à costé du champ d'Habacud, prophete, qui est sur le bord dudict chemin, à main droicte. Ledict prophete y fut enleué par vn ange, portant à disner à ses gens qui moissonnoyent du bled dans ledict champ, et fut porté à dix mil de là, au desert où estoit Samuel, qui y faisoict penitence et ne viuoit que de racines, auquel ledict prophete Habacud laissa, par le commandement de Dieu, tous ces viures, puis fut rapporté en son champ, auquel il trouua ses gens sans aucun appetit et aussy repuz que s'ilz eussent bien disné (3).

(1) *Ville du Mauvais-Conseil :* Ville n'est pas le mot, mais bien plutôt hameau, village. Ce lieu, qui porte aussi le nom d'Aurore, est assis au pied d'un monticule assez élevé, appelé mont du Mauvais-Conseil, et sur lequel, d'après la tradition, les Juifs se réunirent, présidés par Caïphe, pour comploter la mort du Christ.

(2) *Le therebinte de la Vierge et de son Fils :* Le baron de Beauvau en parle à peu près dans les mêmes termes que du Rozel; ce qui montre qu'il est de croyance générale, en ce pays, que ledit arbre abrita réellement Jésus et sa Mère.

(3) *Habacud le prophete nourrit Samuel au desert :* Notre bon pèlerin, il faut l'avouer, n'est pas toujours fidèlement servi par sa mémoire, en ce qui a trait aux

Et aduançant tousiours, l'on trouue dans le milieu du chemin la couche du prophete Elye, d'où l'on dict qu'il fut enleué par vn ange qui y laissa la marque de son corps dans vne pierre de roc fort dure; comme en effect il y a comme la figure d'vn homme empreinte; et de là fut porté au Paradis terrestre (1). Non loin de là est le conuent dudict sainct Helye, que la reine Isabel (2) auoit faict bastir, occupé par des religieux grecs.

Approchant de Bethleem, auons passé pres le chasteau de Jacob, qui est sur le bord du chemin, à main droicte, où il s'en void encore quantité de ruines et des murs quasy en leur entier; mais cela est conserué par les Juifz. De l'aultre costé dudict chemin est vn champ où la Vierge, passant

faits de l'Histoire Sainte; et ce qu'il raconte, ici, « d'Habacud et de Samuel, » en est une nouvelle preuve. Habacuc n'eut point effectivement le soin de nourrir Samuel au désert; mais Habacuc, ainsi que nous l'apprend la *Bible*, s'en allant un matin porter des aliments à des moissonneurs, vit un ange qui, l'arrêtant, lui dit : — Garde cette nourriture pour la donner à Daniel, jeté dans la fosse aux lions par les Babyloniens... Et bientôt Habacuc, transporté par l'ange sur le bord de cette fosse, put crier à Daniel : — Prends ce dîner, que Dieu t'envoie. — Tel est l'épisode dont du Rozel s'est si mal souvenu.

(1) *Enlevement au Paradis terrestre, du prophete Elye :* Là encore la vérité historique est travestie, puisque l'Écriture rapporte qu'Elie, après avoir traversé, en compagnie d'Elisée, le Jourdain, fut enlevé au ciel au moment même où il cheminait au delà du fleuve : « Et lorsqu'ils poursuivaient leur route et qu'ils » marchaient en s'entretenant — est-il dit au livre IV des *Rois* — voilà un char » de feu et des chevaux de feu qui les séparèrent tout d'un coup l'un et l'autre; » et Elie monta au ciel dans un tourbillon. » — Quand du Rozel parle de « la » couche du prophète Elye que l'on trouve dans le milieu du chemin, et d'où il » fut enleué par vn ange, » il est donc probable qu'il s'agit tout simplement d'un certain rocher sur lequel se reposait ce prophète, lorsqu'il allait à Jérusalem. Châteaubriand en fait mention, et ajoute : « il s'élève au bord du chemin, sous » un olivier. »

(2) *La reine Isabel :* Elle régna une dizaine d'années environ. Son premier mari fut Conrad, marquis de Montferrat, assassiné à Jérusalem, en 1190; Isabelle, ou Isabeau, ayant épousé ensuite Henry, comte de Champagne, partagea avec lui la couronne de Jérusalem (1192), qu'enfin elle reporta sur la tête d'Amaury de Lusignan, lorsque la mort d'Henry lui eut permis de contracter cette nouvelle union (1197).

portant son Filz, s'enquist à des laboureurs qui y estoient, ce qu'ilz semoient; lesquelz, d'arrogance, luy respondirent qu'ilz semoient des pierres : et miraculeusement toutte leur semence, qui estoient des pois, deuindrent en pierres. Il s'y void encores beaucoup de petites pierres comme des pois (1).

Puis sommes passez de l'aultre costé, advançant tousiours, au sepulchre de Rachel (2), femme de Jacob, allentour duquel les Juifz ont faict leur cimetiere, et sur iceluy y ont faict comme vn petit dôme couuert de pierre comme les murailles. Et auant qu'entrer en Bethleem auons vn peu destourné à main gauche, enuiron cent pas, et sommes allez à la cisterne de Dauid, dont l'eau est fort excellente; il y a trois bouches. Proche icelle estoit sa maison, dans laquelle il a esté né; il y auoit faict bastir vn chasteau, mais il ne s'en void que peu de ruines. Ensuitte nous sommes retirez au conuent. L'on y conte, de Jerusalem, 6 mil.

Incontinent estre arriuez, les religieux ont faict la procession, où ilz m'ont mené, quasy auecq les mesmes ceremonyes qu'en Jerusalem, fors le lauement des piedz.

Bethleem est vne petite ville scituée sur le costeau d'vne petite montagne dont le terroir est fort fertille en touttes choses, et notamment en figues, dont y a quantité, et sont tres excellentes. Elle a autresfois esté bien peuplée et bien bastye, mais à present

(1) *Et miraculeusement des pois deuindrent en pierres* : Le Nouveau Testament est muet sur ce miracle; mais nous croyons l'avoir vu consigné dans le *Parfait Legendaire*, œuvre monumentale du cardinal Gentilucci, qui en a consacré toute la première partie à rappeler, à glorifier la vie de la Mère du Sauveur.

(2) *Le sepulchre de Rachel* : Châteaubriand lui refuse un brevet d'antiquité. Il dit : « C'est un édifice carré, surmonté d'un petit dôme... Les chrétiens s'accordent à » placer le sépulcre de Rachel dans ce lieu : la critique historique est favorable » à cette opinion; mais malgré Thévenot, Monconys, Roger, et tant d'autres, je » ne puis reconnaître un monument antique dans ce qu'on appelle aujourd'hui le » tombeau de Rachel : c'est évidemment une fabrique turque consacrée à un san- » ton. » — Le grand écrivain est-il ici dans le vrai?... Nous le penserions volontiers, en nous rappelant quelle fut sa compétence en semblable matière, et par quelles études consciencieuses, approfondies, il l'avait acquise.

c'est peu de chose, ny ayant que de meschantes maisons à la turquesque, dont la pluspart ne sont pas habitées (1). Elle ne nous doibt pourtant pas pour cela estre en moindre reuerence, puisque Nostre-Sauueur y a pris sa naissance et qu'il s'y est faict tant de miracles pour la saluation du genre humain.

Le sainct presepe (2) et lieu de la naissance de Nostre-Seigneur est vne pettite grotte sousterraine, seruant pour lors d'estable, qui a esté vn peu alongée, en laquelle l'on a faict deux portes des deux costez et des degrez pour y descendre. Le lieu où Nostre-Seigneur nasquit, et où il parut luisant comme vn soleil, est au hault de

(1) *Bethléem :* Ville bénite entre toutes, il semble qu'Abraham, en la nommant ainsi, ait eu le don de prescience. Bethléem, en effet, signifie *Maison de Pain*; et Jésus notre Rédempteur, Jésus si bien appelé le Pain de Vie, Jésus y vient au monde !...

Quelles réflexions ce rapprochement inspire ! Mais elles se changent en une profonde admiration pour les décrets divins, quand on voit ensuite la femme de Caleb donner à cette cité, afin de la distinguer de la Bethléem zabulonienne, le surnom, plus prophétique encore, d'Ephrata, ou la *Fructueuse !*

Qu'une telle qualification convenait bien à la localité qu'avait choisie le Créateur pour y placer, dans une crèche obscure, le berceau de son Fils, du Dieu qui devait nous apporter la lumière, par l'Évangile, la civilisation, par le Catholicisme ! !

Le sens mystique des deux noms que porta primitivement Bethléem, est si frappant, que nous sommes étonné qu'aucun des auteurs qui nous ont aidé à annoter le *Voyage* de du Rozel, n'ait songé à le faire remarquer à ses lecteurs. Nous n'avons pas voulu les imiter, convaincu qu'aujourd'hui, où le Rationalisme et le Doute cherchent partout des disciples, il est bon de recueillir jusqu'aux moindres témoignages de la Révélation.

Et ceci dit, revenons à Bethléem en compagnie de Châteaubriand, qui décrit ainsi la campagne dont elle est environnée :

« Bethléem est bâtie sur un monticule qui domine une longue vallée. Cett » vallée s'étend de l'est à l'ouest ; la colline du midi est couverte d'oliviers clair- » semés sur un terrain rougeâtre, hérissé de cailloux ; la colline du nord porte » des figuiers, sur un sol semblable à celui de l'autre colline. On découvre çà et » là quelques ruines, entre autres les débris d'une tour qu'on appelle la tour de » Sainte-Paule. Je rentrai dans le monastère, qui doit une partie de sa richesse à » Beaudoin, roi de Jérusalem et successeur de Godefroy de Bouillon : c'est une » véritable forteresse, et ses murs sont si épais, qu'ils soutiendraient aisément un » siége contre les Turcs. »

(2) *Le sainct Presepe :* Cette expression, complétement inusitée, est tirée du latin *præsepe*, ou *præsepia*, qui veut dire : mangeoire, étable, crèche.

ladicte grotte, aussy y a-t-on faict allentour vn soleil de marbre, jaspe et pierreryes; ladicte grotte en est aussy toutte ornée par le bas. Du costé de main droicte, comme en vn recoin, est le lieu où estoit le sainct presepe ou creche à laquelle estoient attachez le bœuf et l'asne deuant lesquelz Nostre-Seigneur fut mis pour l'eschauffer de leurs haleynes. Ce lieu est esleué de terre d'enuiron vn pied et demy; il est à present couuert de marbre blanc, ladicte creche (1) en ayant esté ostée et portée à Rome, où elle est encores dans l'esglize de Saincte-Marye-Major, enchassée dans de l'argent, affin de la conserver, estant de bois. Et vis à vis, et tout proche, est le lieu où les trois Rois l'adorerent; il y a vne pierre dressée comme en forme d'autel, sur laquelle l'on dict que la Vierge mist Nostre-Seigneur lors de ladicte adoration.

(1) *La Creche de Nostre-Seigneur :* Peu d'années après la mort du Christ, on éleva un oratoire sur le lieu même où se voit cette crèche; mais l'empereur Adrien, à l'époque où il n'avait pas encore protégé les chrétiens, rasa ce monument, et de ses fondations dressa un piédestal sur lequel il fit placer une statue d'Adonis. Sainte Hélène, cent cinquante ans plus tard, eut la gloire de renverser le dieu païen et de rendre cette grotte à la piété des fidèles, en l'enchâssant dans une riche église dont la majeure partie est demeurée debout, ainsi que le dit du Rozel.

Dans les pages ajoutées par Mme de Lamartine au livre publié par son mari sur les Lieux Saints, il en est une qui, relative à la grotte de la Nativité, doit trouver place ici, car elle répond à quelques objections que nous avons parfois entendu soulever :

« Ces grottes naturelles — écrivait cette femme si pieuse et si distinguée — sont » en partie revêtues de marbre pour les soustraire à la piété indiscrète des pèle- » rins, qui en déchiraient les parois pour en emporter des fragments; mais on peut » encore toucher le rocher nu, derrière les dalles dont on l'a recouvert, et le sou- » terrain en général a conservé l'irrégularité de sa forme primitive. Les ornements » n'ont point ici, comme dans quelques-uns des Lieux Saints, altéré la nature au » point de faire naître des doutes sur l'identité des lieux; ici, ils ne servent qu'à » préserver l'enceinte naturelle : aussi, en passant sous ces voûtes et ces enfon- » cements dans le roc, *l'on comprend sans peine qu'ils ont dû servir d'étables aux* » *troupeaux que les bergers gardaient dans la plaine*, couverte encore aujourd'hui » de vertes prairies s'étendant au loin sous la plate-forme de rocher que cou- » ronnent l'église et le couvent, comme une citadelle. L'issue extérieure des » souterrains, qui communiquait avec la prairie, a été fermée complétement; *mais,* » quelques pas plus loin, *on peut visiter une autre caverne du même genre, qui* » *y communique.* »

Sortant de ladicte grotte par la porte proche, qui est celle de main droicte, vous trouuez deuant vous l'autel où Nostre-Seigneur a esté circoncis; et de l'aultre costé de ladicte grotte, proche l'aultre porte de main gauche, est la fontaine ou cisterne sur laquelle s'arresta l'estoille qui conduisoit les trois Rois.

Saincte Heleyne auoit faict bastir vne tres belle esglize sur cette grotte, toutte peinte à la mosaïque, auec cinquante belles colomnes de marbre pour soustenir la voulte ou lambris, qui n'est que de bois; elle estoit, aussy, bien peinte; mais tout y est, à present, gasté, comme aussy touttes ces belles peintures à la mosaïque. Les colomnes y sont encores; tout le reste est en decadence, par faulte d'entretien, mesmes la couuerture, depuis que les Grecs s'en sont emparez, l'ayant ostée à nos religieux, qui la reparoient bien; mesmes leur ont osté l'entrée qu'ilz auoient de leur conuent dans le sainct presepe, ayant faict murer leur porte au moyen de cent piastres qu'ilz ont données au bacha de Jerusalem pour leur en accorder la permission; tellement, que nos religieux n'y vont plus doresnauant que par leur licence. Ilz font leur seruice dans vne esglize qu'ilz ont particuliere, laquelle est assez bien accommodée. L'on entroict du bas d'icelle dans le sainct presepe par vne allée sousterraine au bout de laquelle estoit cette porte qu'on a bouschée. Il est à croire que cette allée, et porte au bout, y estoient de toutte antiquité, puisque dans icelle allée, et contre ladicte porte, est l'entrée de deux aultres petites grottes dans l'vne desquelles sainct Jerosme a longtemps demeuré, et y a tourné la Bible (1); et dans l'aultre se voit son

(1) *Grotte où saint Jerosme a tourné la Bible :* Ce fut en effet dans une grotte toute voisine de celle où naquit le Sauveur, que saint Jérôme voulut résider, et qu'il traduisit, de l'hébreu, la Bible en grec et en latin. « Il y a là — dit le baron » de Beauvau — vn lict de pierre de taille où il se couchoit, vis à vis d'vne fenestre » qui donne clarté à ce lieu. » Et Châteaubriand, en son style imagé, complète ainsi la description : « C'est de là qu'il contempla la chute de l'empire romain; » ce fut là qu'il reçut ces patriciens fugitifs, qui, après avoir possédé les palais de » la terre, s'estimèrent heureux de partager la cellule d'un cénobite. La paix du

sepulchre, où mort il a esté mis, celuy de sainct Eusebe, abbé de Bethleem, et ceux de saincte Paule et de sa fille, dames romaines (1). Les corps en ont esté enleuez et portez à Rome. L'on ne peult doubter qu'ilz n'eussent choisy ces lieux sousterrains pour leur demeure, puisque Nostre-Seigneur auoit voullu naistre dans vn aultre de mesme, là proche, dans lequel ilz auoient l'entrée.

» saint et les troubles du monde font un merveilleux effet dans les lettres du savant » interprête de l'Ecriture. » Enfin le baron de Beauvau prétend avoir vu, « soigneu- » sement gardez en cette grotte, son capuchon et son breuiaire. » C'est possible; seulement, nous n'avons retrouvé cette assertion mentionnée depuis chez aucun autre voyageur.

(1) *Sepulchres de sainct Eusebe, de saincte Paule et de sa fille :* Deux mots seulement sur ces personnages dont les corps furent ensevelis, il y a tant de siècles, auprès du berceau du Christ. — *Eusèbe,* comme l'avance notre auteur, ne fut point abbé de Bethléem, mais évêque de Samosate, ville de l'Asie-Mineure, sise au nord-est d'Antioche, sur les bords de l'Euphrate. Vers 380, étant venu à Doliche, en Syrie, une femme de la secte des Ariens lui jeta, par haine contre les catholiques, une tuile sur la tête, et le saint tomba blessé à mort. Thevet, dans sa *Cosmographie universelle,* prétend que c'est Eusèbe de Césarée, l'historien, dont on voit le tombeau à Bethléem. Il se trompe, car ce savant illustre n'a jamais été canonisé. — *Paula* ou *Paule,* de la famille des Scipions et des Gracques, vivait à Rome au milieu des splendeurs et du luxe. Veuve d'assez bonne heure, elle quitta la capitale du monde pour se renfermer dans le monastère de Bethléem, et s'y sanctifier sous la direction de Jérôme. Elle y finit ses jours en 407. — *Eustochia,* ou *Eustochie,* sa fille, n'ayant pas voulu l'abandonner, garda le célibat, vécut de la vie de sa mère, devint supérieure du monastère qui les avait accueillies, et y fut en 419 enterrée à son tour. — On croit généralement que les cercueils de Paula et d'Eustochia ont été, plus tard, ainsi que celui de saint Jérôme, transportés à Rome. Nous ignorons ce qu'il en est.

IX

Bethléem et ses Environs (*Suite*).

Champ, Église et Village des Pasteurs. — Fontaine de la Vierge. — Maison de saint Joseph. — Grotte de la Sainte-Famille — Jardins de Salomon. — Désert de saint Jean-Baptiste. — La Vigne de Promission. — Désert et Ville de saint Philippe. — Montagnes de Judée. — Grotte de saint Jean-Baptiste. — Ville de Zacharie. — Maison de sainte Élisabeth et de Zacharie. — Tronc de l'arbre de la Vraie Croix, Église et Couvent ou il est renfermé. — Chateau de saint Siméon.

e suis allé le 10 octobre au champ où estoient les pasteurs qui vindrent adorer Nostre-Sauueur lors de sa naissance, où j'estois accompagné d'vn religieux et d'vn truchement du conuent, auquel on donne pour ce vn quart de piastre. Ce champ est esloigné de Bethleem d'enuiron deux mil; il est dans vn vallon où y a quantité d'oliuiers, et dans le milieu dudict champ est vne grotte sousterraine dans laquelle l'on dict qu'estoient retirez les pasteurs, lors que l'ange leur donna la nouuelle du Nouueau-Né. L'on y auoit dessus basty vne petite esglize (1), qui est à present ruinée. Ce champ estoit aussy clos de murailles basses, mais la pluspart sont à bas. L'on y paye vn maydin de caphare.

Retournant par vn aultre chemin que n'estions venuz, sommes

(1) *Esglize des Pasteurs :* Elle n'est pas aussi ruinée que le dit du Rozel, ou bien, alors, on l'a réparée depuis lui, puisque Châteaubriand constate qu'il l'a vue, et qu'il y a « remarqué trois chapiteaux d'ordre corinthien et deux autres d'ordre » ionique. » Et, ajoute-t-il, « la découverte de ces derniers étoit une véritable » merveille, car on ne trouve plus guère, après le siècle d'Hélène, que l'éternel » corinthien. »

passez par le vilage des Pasteurs, ainsy nommé parce que les pasteurs en estoient. Il n'y a plus à present de maisons; ce ne sont que grottes, qui sont habitées pas des Arabes. Dans ce vilage est la fontaine de la Vierge, ainsy nommée par ce qu'elle l'a faict venir lors que passant par ce vilage en s'en retournant à Bethleem, tenant son cher Filz entre ses bras, elle alla à vne maison qui estoit là proche demander de l'eau pour boire, ayant grande soif, et ceux de ladicte maison luy en ayant refusé, sortit miraculeusement à leurs yeux vne source d'eau vifue qui coulle encores et est fort bonne à boire (1). Vers la moictyé du chemin est la maison de sainct Joseph, où il a esté né; elle est sur le bord du chemin, à main droicte, toutte ruinée, fors quelques murailles qui sont encor en leur entier; il y a des vignes tout autour.

Approchant de Bethleem, auons passé à la grotte où la Vierge et sainct Joseph se retirerent quelque temps auecq le petit Jesus, auant que d'aller en Egipte (2) pour fuir la fureur d'Herodes, craignant d'estre trouuez dans celle où il auoit pris naissance. La pierre du dedans de cette grotte est extresmement blanche; l'on

(1) *Fontaine de la Vierge :* Le danger de se faire l'écho de toutes les traditions plus ou moins acceptables que vous narrent les ciceroni bethléémiques ou jérosolymitains, c'est qu'il arrive rarement que ces gens-là n'aient pas, chacun, un récit différent à vous offrir, sur les faits ou sur les monuments. On en verra une nouvelle preuve en lisant la version donnée par le baron de Beauvau sur la Fontaine de la Vierge, version qui ne ressemble nullement à celle rapportée par du Rozel : « Nous passasmes — dit le baron — en vn petit village où nous vismes vn puis » surnommé de la Vierge, parce qu'ayant vne fois soif, et personne ne luy voulant » puiser à boire, l'eau monta d'elle-mesme miraculeusement iusques en hault, où » elle beut à son aise. »

(2) *Grotte de la Sainte-Famille :* Lamartine s'étant vu refuser l'hospitalité dans le couvent le plus voisin de ce lieu, parce qu'il revenait de Jérusalem, où régnait la peste, se réfugia, avec sa suite, sous les murs de cette grotte : « Nous nous » passâmes de souper, dit-il, et nous nous endormîmes au bruit du vent de mer » jouant dans la cime des oliviers. Mais la pensée que la Vierge, saint Joseph et » l'Enfant passèrent la nuit en cet endroit, en fuyant en Egypte, adoucit notre » couche. »

dict qu'elle est miraculeusement ainsy deuenue, à cause que la Vierge y a maintefois espandu de son laict; aussy l'appelle-t-on le Laict de la Vierge (1), et chacun en emporte par deuotion. L'on descend auecq peine dans cette grotte, où il fault de la chandelle le jour, ny pouuant donner de clarté; elle est separée comme en deux chambres. L'on y paye vn maydin de caphare. Puis arriuant au conuent, auons trouué vn aultre caphargis qui nous attendoit à la porte, auquel il a fallu payer vn aultre maydin pour nous auoir, disoit-il, preseruez des courses des Arabes. Il n'estoit, ce neantmoingt, point venu auecq nous, mais c'est vn droict de coustume. L'on conte de chemin, d'aller et venir, 4 mil.

Enuiron à deux ou trois mil de Bethleem est le lieu où estoient les beaux jardins et maisons de plaisance de Salomon, dicts dans l'Escripture Saincte : « *Fons signatus, hortus conclusus;* » mais les religieux m'ayant asseuré que tout y estoit ruiné, je n'ay pas faict grand conte d'y aller (2).

(1) *Le laict de la Vierge* : Divers contes, tous fort ridicules, ont été imprimés au sujet de la blancheur du sol de la grotte où se retira la Sainte-Famille, et des vertus particulières attribuées au terrain qui le compose. Voici le moins déraisonnable ; nous l'empruntons à Thevet :

« En ceste dite grottesque, l'on trouue d'vne terre blanchastre, de grand'propriété, de laquelle les femmes nourrices qui ont faulte de laict, vont prendre, » et la mettent dans de l'eau, l'y laissans iusques à ce qu'elle ait humé l'humeur » et couleur de ladite terre. Et ainsi voyans l'eau toute blanche, en vsent et soir » et matin, et ne faillent d'auoir du laict en abondance : comme aussi font celles » qui ne peuuent conceuoir, disans qu'elles s'en sont bien trouuées. Dauantage, » les Arabes en font grand traffic, et en viennent querir de plus de soixante » lieuës loing auec leurs chameaux et chevaux. Or, ne dis-je rien que je n'aye » veu, estant sur les lieux ; et, demandant à ces Arabes de quel vsage leur estoit » ceste terre, ils me respondirent qu'elle leur seruoit pour la santé de leurs chameaux et autres bestes, lorsqu'elles estoient steriles... Ce consideré...., qui » empeschera Theuet qu'il ne die que ceste terre a telle propriété, à cause que » la Mere de Dieu s'est retirée en ceste grotte avec son enfant, et que leur presence a donné saincteté et vertu à la terre de leur retraicte, tout ainsi que le » fleuue Jourdain a retenu vne force de guerir les ladres, qui y vont en foy, » depuis que le corps de Jesus-Christ y fut baptisé? »

(2) *Jardins de Salomon :* Du Rozel se trompe en assurant que ces jardins sont appelés « dans l'Escripture Saincte : *Fons signatus, hortus conclusus.* » Ce texte,

Le 11, je suis allé au desert de sainct Jean-Baptiste, dans la montaigne de Judée, estant assistez desdicts deux religieux qui estoient venuz auecq moy de Jerusalem, d'vn truchement du conuent et d'vn homme pour l'accompagner, affin de nous exempter des courses des Arabes, qui sont là en grande quantité, et fort peruers, y ayant vn peu auparauant maltraicté les peres de Jerusalem, ausquelz l'on donne pour ce, deux piastres, tant pour leurs peines que pour fournir d'vne monture que l'on prend ordinairement pour monter les vngs appres les aultres dessus, estant las, et porter quelques viures que l'on donne au conuent pour vous refectionner par les chemins.

Appres auoir cheminé trois ou quatre mil, sommes passez proche la vigne de promission (1), que Nostre-Seigneur auoit

emprunté au chapitre IV du Cantique des Cantiques, n'a nullement le caractère qu'il lui attribue ; il est métaphorique, mystique, mais non point topographique. Comment en effet, dans le verset suivant, pourrait-on trouver la moindre indication se rapportant aux jardins de Salomon — *Hortus conclusus, soror mea sponsa, hortus conclusus, fons signatus :* Tu es un jardin fermé, ma sœur, mon épouse ; un jardin fermé, une source scellée ?

Profitons de cette erreur de notre pèlerin, pour compléter son récit. Il n'a pas visité, dit-il, « le lieu où estoient les beaux jardins et maisons de plaisance de Salomon ; » demandons alors à Mme de Lamartine, qui s'est empressée de le parcourir, quelques détails à son sujet :

« C'est, écrit-elle, une petite vallée étroite et encaissée, arrosée par un limpide » ruisseau..... Entre les cimes rocheuses des montagnes qui l'environnent de » toutes parts, ce seul endroit offre des moyens de culture, et cette vallée est » en tout temps un jardin délicieux, cultivé avec le plus grand soin, et présentant, » dans sa belle et humide verdure, le contraste le plus frappant avec l'aridité » pierreuse de tout ce qui l'entoure. Elle peut avoir une demi-lieue de long..... » Sur la hauteur qui la domine, nous trouvons les plus beaux restes d'antiquités » que nous ayons encore vus : trois immenses citernes creusées dans le roc vif » et suivant la pente de la montagne..... Elles sont attribuées à Salomon..... » Au-dessus de la plus élevée, une petite source, cachée sous quelques touffes de » verdure, est le *Fons signatus* de la Bible, et alimente seule ces réservoirs, » qui se déversaient anciennement dans des aqueducs conduisant l'eau jusqu'à » Bethléem. »

(1) *La vigne de promission :* Il ne nous souvient pas d'avoir lu dans le Nouveau Testament que Jésus, par sa bénédiction, ait doué une vigne d'une telle fertilité,

benitte. Il y venoit sy grande abondance de raisin, et les grappes tellement grosses, qu'il falloit deux hommes pour en porter d'aucunes. Elle est à main droicte du chemin, encores plantée en vigne, mais mal cultivée. Là proche est le desert de sainct Philippe, apostre, où il faisoit penitence, dans lequel il conuertit vn Ethiopien (1) enuoyé par la Roine d'Ethiopye en Jerusalem (2), qui y passa s'en retournant; et ayant faict mention à la dicte Royne, appres estre arriué, qu'il auoit trouué vn prophete dans ce desert qui luy auoit dict touttes les choses les

qu'elle ait produit des grappes de la pesanteur mentionnée ici. Mais nous n'avons point oublié qu'il est dit au livre des Nombres, chapitre XIII, que Moïse ayant envoyé quelques Hébreux explorer la terre de Chanaan, ils en rapportèrent une branche de vigne munie de sa grappe, laquelle était si lourde, que deux hommes durent la porter sur un bâton. C'est peut-être ce fait qu'a voulu rappeler du Rozel, en se trouvant en présence d'un clos qu'on lui aura signalé comme celui où jadis avait été coupée cette monstrueuse grappe?

(1) *Philippe convertit un Éthiopien et une reine :* Les faits relatifs à cet Éthiopien, sont si mal racontés par notre gentilhomme, en ce qui a trait, surtout, à la fontaine que Philippe aurait miraculeusement fait sortir d'un roc, et à la conversion de la reine, que nous sommes forcé de recourir aux *Actes des Apôtres* pour rétablir la vérité. Il y est dit au chapitre VIII :

— Philippe, venu à Samarie, y prêchait la parole de Dieu, quand une voix intérieure lui commande de se rendre aux environs de Jérusalem. Il obéit, et c'est alors qu'il rencontre un eunuque attaché à la cour de la reine d'Éthiopie, eunuque qui, retournant en son pays, lisait en cheminant les livres d'Isaïe.

— Croyez-vous donc comprendre ce prophète? lui demande Philippe en l'arrêtant.

— Non, si quelqu'un ne me l'explique, répond ce dernier en invitant le saint à s'asseoir à ses côtés dans le char qui le portait.

Et Philippe lui révèle aussitôt la doctrine du Christ. Puis peu après, une fontaine se trouvant sur la route, l'eunuque témoigne le désir d'être baptisé, désir auquel le diacre accède immédiatement....

Tel est, en abrégé, le récit de l'Écriture. On voit s'il y est question de désert, de roc devenu fontaine, et de reine allant à la recherche du compagnon des Apôtres pour en recevoir à son tour le titre de chrétienne!... Tous ces enjolivements sont donc sortis de l'esprit inventif de messieurs les ciceroni, jaloux de composer, à leur usage et profit, une nouvelle Histoire Sainte.

(2) *La reine d'Ethiopye :* Cette reine s'appelait Candace et descendait de la princesse du même nom qui, vingt ans avant l'arrivée du Christ, ravageant l'Égypte, en fut chassée par les Romains.

plus cachées de son âme, et luy auoit enseigné le chemin de salut; elle prist en peu de temps occasion de se faire conduire en Jerusalem, soict par curiosité de voir ce prophete, ou aultres choses, duquel elle fist faire perquisition, passant par ledict desert; et l'ayant trouué, il la conuertit aussy par le moyen d'vn miracle qu'il fist deuant ses yeux. Il luy dist que ce qu'il auoit dict à son homme, et ce qu'il luy disoit à l'heure, estoit aussy vray qu'il sortiroit vne fontaine d'vn roc qui estoit là proche; et à mesme temps, le frappant du pied, en sortit vne grosse fontaine comme vn ruisseau, qui y est encores, dont l'eau est fort bonne à boire; elle estoit tres bien accommodée; mesmes il y a eu, je croy, vne esglize, mais tout est ruiné. L'on y paye vn maydin de caphare.

A deux ou trois portées de mousquet, est la ville dudict sainct Philippe (1), sur vn costeau, ainsy nommée à cause que ledict sainct y a pris sa naissance; nous n'auons pas passé dedans, n'estant pas nostre chemin, mais nous n'auons laissé de la bien voir, estant sur vn aultre costeau vis à vis, où commence la montaigne Judée, qui est fort haulte et fort longue. Il n'y a plus en ceste ville aucune maison d'apparance, ce ne sont touttes que comme grottes à la turquesque, habitées par des Arabes. Enfin, appres auoir sailly ladicte montaigne, et longtemps cheminé par des desertz et precipices affreux, sommes arriuez à la grotte où ledict sainct Jean-Baptiste residoit, qui est sur vn costeau à main gauche, entre trois montaignes qui ont leur vallée sy profonde et qui descend sy droict du hault en bas, que cela estonne la veue d'y regarder. L'on diroit que ceste grotte auroict esté faicte expres dans le roc; l'entrée est comme vne porte; il y a des pas en façon de degrez faicts dans le roc, pour y monter.

(1) *Ville de sainct Philippe :* C'est de la ville de Césarée, en Galilée, qu'il est question en cet endroit. Philippe l'ayant longtemps habitée, et passant pour y être né, on l'avait surnommée *Philippine* afin de la distinguer d'une autre localité située sur les bords de la mer, et vulgairement appelée Césarée *de Palestine*.

Cette entrée est par vn bout; elle est vn peu plus longue que large. A l'aultre bout est le lieu où il se couchoit, qui est comme vn relaiz, esleué du bas de deux à trois piedz, que l'on diroit avoir esté taillé expres dans le roc; et à vn costé est vne ouuerture en maniere de fenestre, par laquelle l'on a veue sur touttes ces montaignes. De l'aultre costé est vne fontaine qui coule le long, en dehors, par vn canal que l'on croiroit faict de main d'homme, dans lequel vn homme peult entrer, et qui a son ouuerture proche l'entrée de ladicte grotte. Ce sainct hermite ne viuoit que de racines et de carobes (1) dans la saison. Il y en a quantité d'arbres sur ce costeau. C'est vn fruict faict comme des escosses de pois sans parchemin, que l'on dict, mais bien plus grandz, et de couleur de marons; l'on ne mange que l'escosse, la graine estant trop dure. L'on y paye vn maydin de caphare, par personne, quant on trouue les Arabes du lieu, ausquelz il fault donner à manger; c'est pourquoy nous auions porté plus de viures qu'il ne nous en falloit; mais nous n'en auons point rencontré, aussy auons-nous faict nostre refection d'vn meilleur appetit, estant seulz aupres de cette fontaine.

De là nous sommes allez au lieu de sa naissance, dans la ville de Zacarye, qui en est esloignée de six mil. Elle est ainsy nommée du nom du prophete Zacarye, son pere; c'est quasy sur le chemin de Jerusalem. Estant proche ladicte ville de Zacarye, nous auons pris vn peu à main droicte, dans la campagne, pour aller au lieu de la visitation de la Vierge et de saincte Elisabeht, mere dudict sainct Jean, qui estoit la maison de ladicte saincte Elisabeht. Ce fut là que ledict sainct Jean, estant encores au ventre de sa mere, adora Nostre-Seigneur en celuy de la sienne. Ce fut aussy en ce lieu que la Vierge composa le cantique du

(1) *Carobes :* Du Rozel décrit là, et assez exactement même, le fruit du Caroubier, ou Carougier, arbre de la famille des Légumineuses. Un caroube est fort bon à manger, lors surtout que la pulpe renfermée dans sa longue gousse n'a pas été laissée longtemps à l'air.

Magnificat, appres que saincte Elisabeht l'eut saluée comme mere de Dieu, et qu'elle luy dist avoir eu en reuelation qu'elle estoit grosse du Redempteur du genre humain; ce qui estonna la Vierge du commencement, veu qu'il n'y auoit que peu de temps, et qu'on luy reueloit vne chose dont elle n'auoit parlé à personne. Cette maison est comme en façon de grotte, sur laquelle saincte Heleyne auoit faict bastir vne esglize et aupres vn conuent de filles; mais cela n'est plus habité et est tout en decadence. L'on y paye un maydin de caphare.

Ensuitte sommes entrez dans la ville de Zacarye (1), qui est encores ruinée, estants la pluspart Arabes qui l'habitent; et destournant à la premiere rue à droicte, qui est comme vne grande court, auons veu au fonds d'icelle la maison de ce pere dudict sainct Jean-Baptiste, où icelluy sainct est né, lors de laquelle naissance ledict Zacarye composa le cantique du *Benedictus*, et declara que le nom de son filz estoit Jean. Cette maison est aussy comme en façon d'vne grande grotte voultée fort haulte, et d'vn costé de murailles. L'on y auoit aussy faict vne esglize, qui n'est plus en essence. L'on y paye vn maydin de caphare.

Et puis auons pris le chemin droict à Jerusalem, d'où estants pres d'vne demye lieue auons passé au lieu où a esté trouué et couppé l'arbre de la vraye croix, qui est sur le bord du chemin. Il y a vn conuent de religieux georgiens qui y ont vne fort

(1) *La ville de Zacharye :* Aucune localité de ce nom n'existe aux environs de Bethléem, et c'est en vain que nous avons feuilleté auteurs et dictionnaires, pour la rencontrer. Le baron de Beauvau dit simplement ceci : « J'ay veu le village » *où demeuroit Zacharie*; saincte Heleine y fit bastir vne belle Eglise avec un » Dosme qui reste encor en son entier; au dedans il y a dans vne chapelle un » Autel à la place où nasquit sainct Jean-Baptiste. » On peut donc induire de ce passage que du Rozel, en parlant d'une ville de Zacharie, s'est trompé; comme il se trompe aussi, et complétement, en avançant plus haut que le père du mari de sainte Élisabeth fut Zacharie le prophète. Ce dont on restera convaincu, lorsqu'on saura que ce prétendu père vint au monde cinq siècles au moins avant la naissance de son prétendu fils!

belle esglize bien peinte et bien ornée. L'on a basty cette esglize en sorte que l'autel est placé sur ce lieu, et l'enferme; il s'ouure par derrière; le paué ou marbres et jaspes de decoration qui sont autour de ce sainct tronc, s'esleuent par dessus plus d'vn pied, et le couurent quasy tout, de poeur qu'on n'en voullust coupper quelque morceau. Ilz ont néantmoingtz laissé vn trou de la largeur d'vn bon demy pied, en rond, par lequel l'on le peult voir et y fourrer le bras pour y faire toucher ce que l'on veult. Il ferme auecq vne plaque d'argent. Ça esté le Roy de ces Georgiens qui a faict bastir cette esglize et conuent.

Et à main droicte, enuiron deux portées de mousquet, est le chasteau de sainct Simeon, qui estoit fort hault, estant encores bien esleué et basty de grosses murailles qui ont bien de la peine à se ruiner. Appres quoy, nous nous sommes retirez au conuent de Jerusalem. L'on conte pour le chemin de cette journée, 20 mil.

X

L'Église du Saint-Sépulcre.

Cérémonial avec lequel on y introduisait jadis les pèlerins. — Sépulcre du Christ. — Division et décoration intérieure de l'église. — Nations qui y possèdent des prêtres et des chapelles. — Comment on y célèbre les Matines et la Messe. — Stations qu'on y visite. — Sépulcres de Joseph d'Arimathie, de Nicodème, de Godefroy de Bouillon et de ses Fils. — Lieux où s'accomplirent les sacrifices d'Abraham et de Melchisédech.

N'AYANT plus que le Sainct-Sepulchre et l'enclos d'icelluy, à voyr, j'ay pryé le gardien du conuent de me le faire ouurir, et pour ce il m'a fallu donner vingt-quatre piastres (1) au pere procureur, comme il est ordinaire,

(1) *Il m'a fallu donner vingt-quatre piastres pour me faire ouurir le Sainct-Sepulchre :* On a longtemps demandé quelle avait été l'origine de cet impôt inique, honteux pour la Catholicité, que prélèvent les Turcs sur tout chrétien qui veut aller s'agenouiller devant le Tombeau du Christ. Jusqu'à Châteaubriand nous ne sachons pas qu'on en ait bien connu la source; mais ce dernier écrivain, qui tenait à rendre son *Itinéraire de Paris à Jérusalem* intéressant et neuf, se livra aux plus patientes, aux plus actives recherches, et publia, entre autres choses originales ou peu connues, un document qui lui sembla de nature à résoudre la question posée à l'égard dudit impôt. Ce fut à Belon, savant naturaliste et voyageur intrépide, qu'il l'emprunta; celui-ci l'avait inséré en 1555 dans une relation de ses pérégrinations en Grèce, Egypte, Arabie et Judée. Or, nous allons le reproduire attendu qu'il émane d'un auteur dont on a constamment loué l'exactitude, l'érudition ; puis aussi parce qu'en dehors de Châteaubriand, personne ne l'a remis en lumière. Le voici textuellement :

« Il conuient à vn chacun qui veut entrer au Sepulchre, bailler neuf ducats, et » n'y a personne qui en soit exempt, ne pauures, ne riches. Aussi celuy qui a prins » la gabelle du Sepulchre à ferme, paye huit mille ducats au Seingneur : qui est » la cause pourquoy les rentiers ranczonnent les pelerins, ou bien ils n'y entreront

pour les faire distribuer à ceux qui en ont les clefz, qui sont le bacha, le cady et le santum dudict Sainct-Sepulchre, et qui a sa maison et sa mosquée atenant à icelluy. Ces trois clefz sont differentes, et l'on ne peult rien faire les vnes sans les aultres; c'est pourquoy il fault qu'ilz prennent le jour et l'heure pour y enuoyer leurs gens ensemble. C'est ordinairement le soir. Ilz l'ouurent et le laissent deux heures, et le lendemain, vne, pendant lequel temps ilz gardent tousjours la porte pour empescher qu'il n'y entrast quelqu'vn qui n'eust pas payé le droict. Est à notter que lorsqu'vne personne y a entré vne fois et payé ce droict, elle y peult rentrer touttesfois et quantes que l'on l'ouure, en payant vn maydin. Et si elle voulloit elle-mesme faire rouvrir, il ne luy en cousteroit que sept piastres, au lieu des vingt-quatre qu'elle auroit payées la premiere fois. Les religieux payent aussy bien que les laycz, pour y entrer, et s'il s'en rencontre quelqu'vn de malade de ceux qui sont dedans pour le deseruir, et qu'on le veuille sortir pour le medicamenter, il en couste quatre piastres pour le faire ouurir. Est encores à bien remarquer vne chose, que s'il se trouuoit un pelerin dans

» poinct. Les Cordeliers et les Caloyeres grecs, et aultres manieres de religieux » chrestiens, ne payent rien pour y entrer. Les Turcs le gardent en grande reue- » rence, et y entrent auec grande deuotion. *L'on dict que* LES PISANS *imposerent » cette somme de neuf ducats lorsqu'ils estoient seingneurs en Jerusalem, et qu'elle » a esté ainsy mainctenue depuis leur tems.* »

Dans ce document, Belon n'indique pas l'époque à laquelle les Pisans « impo- » serent un tribut de neuf ducats » aux visiteurs du Saint-Sépulcre; il se borne à dire que ce fut « lorsqu'ils estoient seingneurs en Jerusalem. » Châteaubriand suit son exemple, et n'éclaira ainsi qu'un côté de la question. Voyons donc s'il serait possible de suppléer à leur silence :

La célèbre République de Pise, lisons-nous dans le *Voyage d'Italie et de Malte* de Jouvin de Rochefort (1670), entre autres beaux faits d'armes secourut Amaury Ier, roi de Jérusalem, avec une flotte de quarante vaisseaux... Ce fut alors, évidemment, que les Pisans se trouvèrent à peu près maîtres dans la Ville-Sainte, et qu'ils établirent le tribut dont il s'agit. Et s'il en a été ainsi — comme nous le croyons fortement — la date cherchée serait connue, puisque Amaury Ier régna onze ans : de 1162 à 1173.

Jerusalem qui n'eust point d'argent pour entrer dans le Sainct-Sepulchre, fauldroict que les peres en fournissent pour luy, car quant ilz le renuoyeroient sans luy faire entrer, les Turcs ne laisseroient de les faire payer comme s'il y auoit esté. C'est pourquoy ilz donnent ordre à tous leurs procureurs de dessus les portz de faire monstrer de l'argent, aux pelerins qui y abordent, suffisamment pour faire tous les fraiz, mesmes de s'en saisir de ce qu'il en est de besoin, et leur donner rescription de le reprendre en Jerusalem, ou aultrement les empescher de passer plus oultre.

Le 15 octobre, l'on m'a enfin faict ouurir le Sainct-Sepulchre(1), où je suis entré enuiron sur les cinq heures au soir, auec dix ou douze peres ou freres du conuent; lesquelz —auecq ceulx

(1) *L'Eglize du Sainct-Sepulchre :* Voici d'après Deshayes, savant ambassadeur que Louis XIII, en 1621, envoya parcourir la Palestine, quelques détails exacts sur cette célèbre église, la première de la chrétienté. Nous analysons, pour abréger et pour éviter les répétitions :

Elle est fort irrégulière, en raison des différents lieux qu'on a voulu renfermer dans son enceinte, et simule une croix. Sa longueur est de « six-vingts pas; » sa largeur est de « soixante-dix. » Il y a trois dômes ; celui qui couvre le Saint-Sépulcre, sert de nef à tout le monument; il a trente pas de diamètre, et est ouvert par le haut. A vrai dire, trois églises sont, là, contenues dans une seule : celle du Calvaire, celle de l'Invention de la Sainte-Croix, celle du Saint-Sépulcre. L'architecture de l'édifice passe généralement pour appartenir au siècle de Constantin (274-337). Des masures et des couvents, appuyés aux flancs de cette immense construction, en voilent en partie l'extérieur, mais sans perte pour l'ornementation, dont l'absence est à peu près complète. Enfin on n'y voit pas de péristyle ; et si l'on constate qu'il y eut jadis trois portes d'entrée, on s'aperçoit aussitôt que les Turcs en ont muré deux, et que la troisième, qu'ils n'ouvrent qu'à prix d'or, ressemble à la porte d'une prison. Ils y ont, en effet, pratiqué un guichet grillé de fer, par lequel, du dehors, on passe aux prêtres qui habitent ce lieu vénéré, les aliments et les objets qui leur font besoin.

Quoi qu'il en soit de cet extérieur, on doit croire que la masse colossale de l'église du Saint-Sépulcre n'est pas, dans son ensemble, dépourvue d'un certain mérite, puisque Lamartine, en la contemplant, s'est écrié :

— « Voilà ce que j'attendais! L'homme a fait ce qu'il a pu de mieux. Le monu-» ment n'est pas digne du tombeau, mais il est digne de cette race humaine qui » a voulu honorer ce grand sépulcre..... »

qui estoient dedans, que l'on y met pour le deseruir et y faire l'office, qui sont au nombre de cinq, dont y en a vn, frere espagnol, qui y est, et n'en a point sorty il y a quarante-deux ans (1), et dict ne le voulloir point quitter qu'il ne voye la paix entre les deux couronnes de France et d'Espagne — lesquelz se sont vestus d'habitz sacerdotaux et m'ont mené en procession par toutes les stations, m'ayant mis en main vn cierge et vne palme qu'ilz me faisoient toucher aux sanctuaires, chantant le *Te Deum* et aultres hymnes de resjouissances; laquelle procession nous auons finye au Sainct-Sepulchre, où ilz m'ont laissé pour faire mes prieres.

Le Sainct-Sepulchre (2) est de pierre; Joseph d'Arimathye l'auoit faict faire pour luy, mais il le donna librement pour y ensepulturer Nostre-Seigneur, et ayda luy-mesme à l'y mettre; on l'a

(1) *Moine espagnol demeuré plus de quarante-deux ans dans l'église du Saint-Sépulcre :* Ce fait, qui accuse une piété si peu commune, n'est pourtant pas unique dans l'histoire des Lieux Saints; la lecture des nombreux ouvrages publiés sur Jérusalem et la Judée, nous en a montré plusieurs non moins édifiants. Ainsi, et pour n'en citer qu'un, on voyait auprès du Tombeau du Christ, en 1620, un vénérable ermite qui, pour y demeurer, s'était fait recevoir de l'ordre de Saint-François. Et depuis vingt ans, n'ayant jamais voulu sortir de l'église sacrée, il n'avait cessé de nettoyer, d'entretenir chaque jour les centaines de lampes dont elle est éclairée; fonction tellement pénible, tellement absorbante, qu'à peine pouvait-il prendre, par nuit, quatre heures de repos !!

(2) *Le sépulcre du Christ* : Il ressemble, dit Deshayes, a un petit cabinet qui aurait été pratiqué, à la pointe du ciseau, dans une roche vive. La porte, qui regarde l'orient, a « quatre pieds de haut et deux un quart de large; » il faut donc se courber fortement pour y entrer. Le dedans, à peu près carré, mesure en longueur « six pieds moins un pouce; » en largeur, « six pieds moins deux pouces; » et en hauteur, « huit pieds un pouce. » Quarante-quatre lampes l'éclairent constamment; aussi la voûte rocheuse qui le recouvre a-t-elle été percée en trois endroits, pour laisser passage à l'épaisse fumée que dégage ce perpétuel luminaire. Enfin, on y remarque une sorte de table en pierre, ménagée à dessein dans le bloc du rocher, lorsqu'on le creusa, table sur laquelle fut déposé le corps du Christ. Ajoutons, d'après l'ambassadeur Deshayes, « qu'à cause de la supersti- » tieuse dévotion des Orientaux, qui croient qu'ayant laissé de leurs cheveux sur » cette pierre, Dieu ne les abandonneroit jamais, et aussi parce que les pèlerins en » rompoient des morceaux, l'on a été contraint de la couvrir de marbre blanc. »

couuert de marbre blanc tout vny, de crainte que quelques vngs, par curiosité ou deuotion, n'en voullussent rompre et emporter quelques pieces. Il y a dessus comme vne petite chappelle aussy de marbre, decorée par le dehors de petits piliers de mesme, sur laquelle est comme vne forme de petit dome. Le Sainct-Sepulchre y sert d'autel, sur lequel nos prestres et religieux disent seulz la messe, à l'exclusion de touttes les aultres nations. Il n'y peult contenir que le prestre diacre et soudiacre, à costé l'vn de l'aultre, n'estant que de la largeur du Sainct-Sepulchre, au bout duquel est la porte atenant, de laquelle est, comme vne continuation d'icelle vn peu plus grande, qui entourne, la pierre où estoit assis l'Ange (1), quant il dist à la Magdelaine que Jesus estoit ressuscité. Cette chappelle est au milieu d'vn grand dome couuert de plomb, sans voulte ; la cherpenterye (2) est sy artistement faicte, qu'elle soustient en sa rondeur la couuerture, sans qu'il y aye aucunes pieces de bois en trauers. Il y a au hault vne ouuerture en rond, large au moingtz de six piedz, par laquelle l'on y a veue. Quand il pleut, l'eau tombe sur cette petite chappelle qui couure le Sainct-Sepulchre, et s'escoulle dans des cisternes qui sont dessoubz. Tout allentour de ce dome sont par dedans de belles galleryes en voulte, de pierre, desquelles l'on a veue sur ceste petite chappelle, devant laquelle, et atenant de ce dome, est vn grand chœur duquel les Grecs se sont emparez et en font leur esglize. Et tout allentour sont les chappelles, stations, logements des aultres nations, tant hault que bas.

L'enclos du Saint-Sepulchre est fort grand ; aussy est-il necessaire qu'il soict tel pour contenir sept nations de religieux

(1) *La pierre où estoit assis l'Ange* : Elle a « un pied et demi en carré, » et sort du même bloc de rocher que le sépulcre du Christ.

(2) *La cherpenterye est artistement faicte* : La couverture de l'église du Saint-Sépulcre n'est effectivement soutenue que par de grands chevrons en cèdre, qui, selon la commune tradition, ont été taillés parmi les cèdres mêmes du mont Liban.

chrestiens qui le deseruent journellement, lesquelz y ont leurs logis en leur particullier, comme au conuent, auec esglizes, celulles et refectoires chacun separez. Et quoyque differans tous en croyance, les vngs en vng point, les aultres en vng aultre, neantmoingtz ilz sont tousjours en vnion et bonne intelligence entre eux.

La premiere de ces sept nations de religieux, sont les Francs (1), qui sont les nostres, soubz lequel nom ilz comprennent tous ceux de nostre croyance, tant Italiens, Espagnolz, Allemans, Pollonnois, qu'aultres qui professent la vraye foy, mesmes les Maronites, quoy qu'ilz different en quelques petitz poinctz, tous lesquelz passent soubz l'estendart de nostre Roy, qui se peult dire seul protecteur de Terre Saincte.

La deuxieme sont les Grecs, qui ont pour leur esglize le principal chœur (2), ou, à proprement parler, la principalle esglize de l'enclos du Sainct-Sepulchre, ce qui donneroit à croire qu'ilz auroient les derniers reigné, des chrestiens, en Terre Saincte, et qu'ilz se seroient tousjours conseruez la pocession de ce lieu. Neantmoingtz, les nostres se peuuent dire seulz pocesseurs du Sainct-Sepulchre, puisqu'ilz y sacrifyent seulz, n'estant loisible aux aultres nations d'y dire la messe ; mais bien y peuuent aller faire leurs oroisons particullieres, lors que les nostres en sont dehors, ne fermant point.

(1) *Les Francs :* Du Rozel entend par là les peuples professant la religion romaine. Ce sont des Cordeliers qui les représentent à Jérusalem, où ils ont la garde spéciale du tombeau de Jésus, du mont Calvaire, de l'endroit où fut trouvée la Croix, de la pierre de l'Onction, et de la chapelle où le Sauveur, après sa résurrection, apparut à sa Mère.

(2) *Le principal chœur* : Au milieu de ce principal chœur, on voit un petit cercle de marbre dont le point central, vous disent imperturbablement les ciceroni, correspond millimètre pour millimètre au centre même de la terre..... Et si nous sommes étonné d'une chose, c'est que notre auteur, qui consignait sur son journal jusqu'aux récits fabuleux de ses « truchements, » ait oublié d'y inscrire cette fameuse particularité géographique !

La troisieme sont les Armeniens (1), qui tenoient le reigne auparauant les Grecs.

La quatrieme sont les Goftes (2) ou Egiptiens, anciennement Sarrazins.

La cinquieme sont les Suriens ou Caldéens (3), le langage desquelz estoit le parler ordinaire de Nostre-Seigneur.

La sixieme sont les Abissins ou Ethiopiens (4) et aultres tenans la loy du Roy d'Ethiopye.

Et la septieme sont les Georgiens (5); mais ilz ont depuis peu habandonné leurs lampes, et sont sortiz pour n'auoir voullu payer vne auanye que les Turcs leur auoient faicte, laquelle les Grecs ont depuis payée, soict qu'ilz y ayent esté contrainctz pour estre quasy semblables en religion, du moingtz en langage ou aultrement; aussy se sont-ilz emparez de ce qu'ilz y possedoient. Neantmoingtz, lesditz Georgiens poursuiuent d'y rentrer, ce qui ne leur peut estre refuzé en rembourçant les Grecs.

(1) *Les Armeniens :* Ils desservent deux chapelles; celle dédiée à sainte Hélène, et celle où se trouve placée la pierre sur laquelle les vêtements du Fils de Dieu furent joués et partagés.

(2) *Les Goftes :* Ce nom, passablement défiguré, est celui qu'on donne partout aux chrétiens originaires d'Egypte. Les Cophtes forment la secte dite des Jacobites ou Eutychéens, dont le chef, Jacob Zanzale, évêque d'Édesse, vivait au cours du VIe siècle. Comme ils ne reconnaissent en Jésus-Christ qu'une seule nature — la nature divine — on les a, souvent aussi, appelés Monophysites. Ils ne possèdent dans l'église du Saint-Sépulcre qu'un simple oratoire.

(3) *Les Suriens ou Caldéens :* Les Syriens ont la garde de la chapelle de la Madeleine.

(4) *Les Abissins ou Ethiopiens :* Ce sont les Abyssins qui occupent la chapelle où se trouve un tronçon de la colonne généralement appelée *Impropere* — d'outrage, d'insulte — parce qu'on suppose que ce fut sur ce pilier de marbre, haut d'environ quatre pieds, que les Juifs firent asseoir, pour l'injurier, pour le couronner d'épines, le Divin Martyr.

(5) *Les Georgiens :* C'est à leurs prêtres qu'incombe le soin de célébrer les saints mystères sur le roc même où fut dressée la Croix, et dans l'espèce de prison où les bourreaux jetèrent leur Victime, pendant qu'on creusait le trou qui allait recevoir l'arbre de la Rédemption.

Chaque nation a ses lampes qu'elles entretiennent en touttes les partz du Sainct-Sepulchre. L'on en faict conte, entre touttes, de plus de deux mil cinq cens, quoy qu'il n'y en aye que quarante-quatre dans la petite chappelle du Sainct-Sepulchre, où tous en ont ou peuuent mettre. Il y a vne bonne quantité de ces lampes d'or, argent, ambre, christal, cuiure, bronze, estaim, et fer ; mais la plus grande partye sont de verre.

Le lendemain 16, je me suis leué incontinent appres minuict auecq les religieux pour assister à leurs matines et rendre le meilleur conte de mes actions qu'il m'a esté possible, affin de recépuoir mon Sauueur à vne grande messe que lesditz religieux ont dicte en musique et auecq les orgues, immediatement appres lesdites matines, sur son sainct sepulchre, allentour duquel ilz ont, ensuitte de la messe, faict procession, où ilz m'ont encores mené en ceremonye, portant ma palme et cierge, chantans encores des hymnes d'allegresse pendant trois tours que nous auons faictz dans l'enceinte d'iceluy, dans lequel ilz m'ont laissé pour rendre graces à Dieu en mon particullier.

Puis vn quart d'heure appres deux religieux me sont uenuz prendre, l'vn pere, l'aultre frere, pour me mener faire les stations en mon particullier, affin de gaigner les indulgences y concedées, et me monstrer derechef les lieux où Nostre-Seigneur a operé ces grands misteres de sa passion, par laquelle il a rachepté tout le genre humain. Nous auons commencé et suiuy de mesmes qu'à la procession que nous y auions faicte le soir preceddent.

Et premier à la colomne où Nostre-Seigneur fut attaché lors de sa flagellation (1), qui est en l'esglize de nos religieux, en vne

(1) *Colomne de la flagellation* : Du Rozel est exact, quand il dit : « J'ay veu « l'aultre partye de cette colomne à Saincte-Praxede de Rome. » Nous trouvons effectivement, en consultant les ouvrages spéciaux qui décrivent les monuments de la capitale du monde chrétien, que l'église de Sainte-Praxède, bâtie l'an 142, renferme un fragment de la colonne de la flagellation; fragment de jaspe sanguin, haut de 75 centimètres, et qui de Jérusalem fut apporté à Rome dans la première moitié du IIe siècle.

niche à l'autel de main droicte. Il n'y en a qu'vne partye. J'ay veu l'aultre à Rome, à Saincte-Praxede, et elle a, en effect, mesmes couleur et grosseur.

Destournant à main gauche à la sortye de ladite esglize, comme en tournant allentour du chœur qui est deuant le Sainct-Sepulchre ou esglize des Grecs, l'on trouue comme vne petite grotte, dans laquelle l'on mist en prison quelque temps Nostre-Seigneur. L'on en a faict vne chappelle deuant laquelle il y a vn trou par lequel l'on dict que l'on descendit Nostre-Seigneur dans vne fosse qui est dessoubz.

Proche est la chappelle où a esté deux cens ans la Vraye Croix, appres auoir esté trouuée et recogneue. Depuis, elle a esté departye quasy par touttes les contrées du monde, y ayant peu de lieux où le christianisme soict estably, qu'il n'y en ayt. Aduançant encores vn peu du mesme costé, vous trouuez le lieu où ont esté diuisez et jouez les habitz de Nostre-Seigneur ; sur lequel lieu est aussy vne chappelle. La pierre sur laquelle s'est faicte ladicte diuision et jeu, est à Rome, au bas de l'esglize Sainct-Jean-de Latran (1).

A la mesme main, et tout contre, est le degré par lequel l'on descend dans la chappelle que saincte Heleyne (2) auoit faicte faire au lieu où elle estoit lors qu'elle faisoit chercher la Croix de Nostre-Seigneur, laquelle on a depuis desdyée à son nom. De

(1) *Pierre sur laquelle ont eslé diuisez et jouez les habitz de Nostre-Seigneur :* C'est également Rome qui la possède maintenant, comme le précise notre voyageur. On la voit à Saint-Jean-de-Latran, sous les galeries ; elle est en marbre rouge antique.

(2) *La chappelle Saincte-Heleyne :* « Un grand escalier qui perce la muraille de » l'église, conduit — dit Deshayes — dans une espèce de cave qui est creusée dans » le roc. Après avoir descendu trente marches, il y a une chapelle, à main gauche, » que l'on appelle vulgairement la chapelle Sainte-Hélène..... L'on descend encore » onze marches jusqu'à l'endroit où furent trouvés, devant Hélène, la sainte Croix, » les Clous, la Couronne d'épine, et le Fer de la Lance, qui avoient été cachés » en ce lieu plus de trois cents ans... »

ceste chappelle vous descendez par vn aultre degré au lieu où ont esté trouuées les trois croix de Nostre-Seigneur et des deux larrons, qui estoit comme vn clouaque ou receptacle qui alloit soubz le mont de Caluaire, dans lequel l'on jectoit touttes les croix et gibetz des suppliciez, mesmes quantité d'immondices. Il y a aussy vne chappelle qui n'est couuerte et n'a d'aultres murailles que le roc, au hault duquel l'on void trois trous, que l'on dict estre ceux des trois croix, qui penetroient le roc. Il y en a vn d'vn des costez qui n'est pas bien dans le rang des aultres : il aduance vn peu en deuant.

Estans remontez, auons encores suiuy du mesme costé et esté à la colomne sur laquelle Nostre-Seigneur fut assis et attaché lors de son incoronation (1) d'espines. Il y a aussy vne chappelle; elle est dans l'autel, qui la couure, mais on la void et touche par derriere ; elle est fort grosse et basse, d'vn marbre meslé de rouge, gris et noir.

Ensuitte sommes allez sur le mont de Caluaire (2), premierement au lieu où Nostre-Seigneur fut estendu et cloué sur la croix, qui est à main droicte; l'on a couuert et orné ceste place de marbre et jaspe de touttes couleurs et pieces rapportées en compartymens. Vis à vis est le lieu où estoit la Vierge auecq sainct Jean, pendant ce crucifyement; l'on y a faict vne petite chappelle desdyée à la Vierge, qui a son entrée et sortye hors l'enclos du Sainct-Sepulchre, dont nos religieux ont la clef; elle leur sert comme de parloir pour conferer auecq leurs confreres qui sont dans le Sainct-Sepulchre pour le deseruir. Et reuenant vn peu vers la porte de la montée par laquelle sommes venuz sur ledict

(1) *La colomne de l'incoronation d'espines* : C'est la colonne *Impropere*, dont nous avons déjà parlé. (Voir note 4, page 100.)

(2) *Le mont de Caluaire :* Vingt marches donnent accès sur ce monticule, dont les premiers chrétiens eurent un soin tout particulier, et qu'ils déblayèrent à la longue des quelques pieds de terre sous lesquels disparaissait le rocher. C'était, on le sait, le lieu ordinaire des exécutions, à Jérusalem.

mont, est le trou dans lequel estoit plantée la Vraye Croix, qui est sur vn rocher esleué au dessus du lieu où Jesus fut attaché sur icelle, d'enuiron deux piedz; tout est couuert de marbre, mesmes ne void-on point où estoient plantées les croix des deux larrons. Le trou de celle de Nostre-Seigneur est en rond, couuert d'vne placque d'argent tout autour, qui descend enuiron vn pied et demy vers le fond, qui empesche que l'on n'y puisse toucher. C'est de crainte que quelqu'vn n'en voullust leuer quelque morceau de terre ou pierre, à cause de la grande deuotion qu'vn chacun y a et doibt auoir, estant le lieu que nous debuons plus reuerer de tout le monde, puisque Nostre-Sauueur y est mort et nous y a racheptez.

A main droicte, vous voyez le mesme roc qui se fendit lors de la mort de Nostre-Seigneur, qui continue sa fente bien bas. L'on y a mis aussy allentour, par le hault, des placques d'argent, de crainte aussy qu'on n'en rompist.

Puis estant descenduz par où nous estions montez, auons continué de tourner allentour de ce chœur et esglize des Grecs jusques à la pierre sur laquelle les Apostres, la Magdelaine, Nicodesme et Joseph d'Arimathye estendirent et oignirent Nostre-Seigneur appres l'auoir descendu de la croix (1). Cette pierre est dans la voye, vis à vis la grande porte et entrée de l'enclos du Sainct-Sepulchre; elle est couuerte d'vn beau marbre blanc de la mesme grandeur, qui esleue au dessus du paué d'vn demy pied, affin que l'on la recognoisse et qu'on ne marche dessus, ce qui seroit sans cela bien aisé. Il y a quantité de lampes, et de tres belles; elles ne sont pourtant que d'argent et cuiure, crainte qu'estant sy en veue, les Turcs n'en prinssent enuye. Et de là on

(1) *La pierre sur laquelle on oignit Nostre-Seigneur :* Elle est nommée pierre de l'Onction, par tous les pèlerins. Longue de « sept pieds neuf pouces » et large de « un pied onze pouces, » on croit que ce furent les disciples du Christ qui l'apportèrent en ce lieu, pour y couvrir, avant de le déposer dans son sépulcre, de myrrhe et d'aloës le corps de leur Divin Maître.

va au Sainct-Sepulchre, où auant qu'y arriuer l'on passe au lieu où estoit la Vierge et les trois Maryes lorsqu'on y porta Nostre-Seigneur, et où elles s'arresterent, qui est tout contre. L'on a mis vne grande pierre de marbre ronde en ce lieu, affin de le remarquer et qu'on ait reuerence de ne passer dessus.

Entrans dans l'antichappelle du Sainct-Sepulchre, auons faict nos prieres comme en tous les aultres lieux et stations, pour gaigner les indulgences, à la pierre sur laquelle estoit assis l'Ange quant il dist à la Magdelaine que Nostre-Seigneur estoit ressuscité; elle est comme au millieu de ladicte antichappelle, haulte d'enuiron vn pied au dessus du paué, toutte ronde, et grosse d'vn aultre de diamettre. Et enfin au Sainct-Sepulchre, où l'affluence du peuple m'a contraint d'en sortir bien viste, n'y pouuant tenir que trois ou quatre personnes pour le plus, ce qui faict que, si l'on ne cherche vne heure commode, l'on n'y peult faire ses deuotions à loisir (1).

(1) *On ne peult faire au Sainct-Sepulchre ses deuotions à loisir :* En se plaignant de la difficulté qu'on éprouve, vu l'étroitesse de ce lieu, vu les nombreux chrétiens qui le visitent, à y demeurer longtemps en prières, du Rozel se tait sur la nature intime des sentiments dont il s'y trouva agité. Nous comprenons d'autant mieux son silence, que nous savons combien l'esprit et le cœur, saisis, comprimés parfois en présence d'un tableau sublime ou d'une scène grandiose, sont impuissants alors à se rendre un compte exact de leurs sensations. Émus, troublés, la faculté d'analyse leur échappe; ils voient par les yeux du corps, et c'est tout. Prononcer en de tels moments une parole, devient impossible aux hommes même les plus diserts. On reste muet, par cela juste que l'extase intérieure est si complète et si douce, qu'on voudrait prolonger indéfiniment cette somnolence intellectuelle, véritable béatitude, quand surtout, comme en ce sujet, c'est la Religion qui nous a touchés !... Et Châteaubriand, pas plus que du Rozel, n'échappa à cette étreinte de la Foi, à ce mutisme involontaire de l'âme, anéantie devant le tombeau du Christ !... Écoutez l'aveu qu'il en fait :

« Les lecteurs chrétiens me demanderont peut-être quels furent les sentiments » que j'éprouvai en entrant dans ce lieu redoutable?... Je ne puis réellement le » dire... Tant de choses se présentoient à la fois à mon esprit, que je ne m'ar- » rêtois à aucune idée particulière. Je restai près d'une demi-heure à genoux » dans la petite chambre du Saint-Sépulcre, les regards attachés sur la pierre, » sans pouvoir les en arracher. L'un des deux religieux qui me conduisoient, » demeuroit prosterné auprès de moi, le front sur le marbre; l'autre, l'Évangile à

Sortant de ce lieu, l'on passe à l'endroict même où Nostre-Seigneur, disent les Evangelistes, apparut à la Magdelaine en

» la main, me lisoit, à la lueur des lampes, les passages relatifs au Saint-Tombeau..... Tout ce que je puis assurer, c'est qu'à la vue de ce sépulcre triomphant, je ne ressentis que ma faiblesse; et quand mon guide s'écria avec saint Paul : *Ubi est, Mors, victoria tua?... Ubi est, Mors, stimulus tuus?...* je prêtai l'oreille, comme si la Mort alloit répondre qu'elle étoit vaincue et enchaînée dans ce monument..... »

Joignons encore à ce précieux aveu de l'illustre auteur du *Génie du Christianisme*, celui non moins caractéristique de Lamartine, l'un de ses plus dignes émules :

« J'entrai — dit le célèbre poëte — dans le Saint-Sépulcre l'esprit assiégé d'idées immenses, le cœur ému d'impressions des plus intimes, qui restent mystère entre l'homme et son âme, entre l'insecte pensant et le Créateur : ces impressions ne s'écrivent point; elles s'exhalent avec la fumée des lampes pieuses, avec le parfum des encensoirs, avec le murmure vague et confus des soupirs ; elles tombent avec les larmes qui viennent aux yeux, au souvenir des premiers noms que nous avons balbutiés dans notre enfance ; du père et de la mère qui nous les ont enseignés ; des frères, des sœurs, des amis avec lesquels nous les avons murmurés. Toutes les impressions pieuses qui ont remué notre âme à toutes les époques de la vie ; toutes les prières qui sont sorties de notre cœur et de nos lèvres ;..... toutes les joies, toutes les tristesses de la pensée dont les prières furent le langage, se réveillent au fond de l'âme, et produisent, par leur retentissement, par leur confusion, cet éblouissement de l'intelligence, cet attendrissement du cœur qui ne cherchent point de paroles, mais qui se résolvent dans des yeux mouillés, dans une poitrine oppressée, dans un front qui s'incline, et dans une bouche qui se colle silencieusement sur la pierre d'un sépulcre..... Et je restai longtemps ainsi, priant..... »

Quelle noble humilité, quel abaissement exemplaire de la Raison et du Doute, sous la Révélation et sous la Foi!..... Oui, ces deux passages, mis en présence du livre détestable où la divinité du Christ vient d'être niée par M. Renan, suffiraient à démontrer l'inanité des argumentations qui y sont entassées, si tant de monuments, si tant d'autorités n'écrasaient déjà cette œuvre impie! Oui, quand on voit Châteaubriand et Lamartine, génies incomparables, immortels écrivains, érudits sérieux, s'agenouiller, prier et pleurer sur les dalles du Tombeau de Jésus, cela console et réconforte. On sent qu'avec eux est la Vérité ; aimant leur attitude, on l'imite, on y applaudit; mais de Renan, l'on s'éloigne avec empressement, avec douleur, car l'Esprit du Mal, escorté de la Démence et de l'Athéisme, a pu seul lui conseiller une semblable attaque!...

Et l'on assure qu'elle est un signe des temps, un indice que la Foi s'en va du cœur des populations?

— Non! et je n'en veux pour preuves que l'oubli, que le mépris où ce pamphlet historico-religieux est dès maintenant tombé. Toujours il y eut des hérésiarques, dans le Catholicisme; où sont-ils présentement? quelle a été la durée de leurs fausses doctrines?.... Ni les uns ni les autres n'ont prévalu ; car s'il est utile

jardinier (1), appres estre ressuscité, où il y a aussy vne pierre de marbre ronde pour le desmondre (2), affin qu'on ne le foulle pas aux piedz. Il est en allant à l'auspice (3) de nos religieux.

Vn peu plus auant est aussy le lieu où Nostre-Seigneur apparut à la Vierge, appres sa resurrection, qui est proche de la porte de l'esglize de nos religieux; l'on l'a encores marqué d'vne pierre de marbre ronde. Et dans ladicte esglize de nos religieux, deuant l'autel, est le lieu où a esté recogneue la Vraye Croix, et où l'on l'a couchée par terre, et applicqué sur icelle le paraliticque qui à mesme temps a esté guary, les deux aultres croix ne luy ayant peu procurer ce bienfaict, quoy qu'il y eust esté mis auparauant; et ça esté vn effect de la toutte puissance de Dieu, pour faire cognoistre sa Croix entre celles des larrons.

qu'il y ait des hérésies, selon le mot de saint Paul : *Nam oportet et hæreses esse* (I Cor., XI, 19), nous voyons aussi, et l'on verra constamment se réaliser cette prédiction de saint Matthieu — *Deus ventilabrum in manu sua, et permundabit aream suam :* Dieu saura bien, le van à la main, nettoyer son aire !....

(1) *Nostre-Seigneur apparut à la Magdelaine en jardinier :* Il existe ici, croyons-nous, une erreur qui, reproduite dans la majeure partie des ouvrages sur Jérusalem, a simplement pour source une trop large interprétation du verset 15 du chapitre XX de l'évangéliste saint Jean. Difficile est, en effet, de conclure de ce verset que Jésus fût vêtu en jardinier, lors de sa résurrection. Voyons, relisons l'Ecriture : Marie-Madeleine, accourant au sépulcre, et s'apercevant qu'il est vide, pleure, se désole, et c'est alors qu'apparaît le Seigneur, qui lui dit — *Mulier, quid ploras ? quem quæris ?... Illa,* EXISTIMANS *quia hortulanus esset, dicit ei : Domine, si tu sustulisti eum, dicito mihi ubi posuisti eum ; et ego eum tollam :* Femme, pourquoi ces pleurs ? qui cherches-tu ?... Marie, SUPPOSANT que c'est le jardinier qui l'interroge, répond : Dis-moi, si tu as enlevé le corps du Christ, où tu l'as déposé, afin que je l'emporte ?— Tel est le récit sacré. Quand donc on en infère que le Rédempteur se montra à la Madeleine sous les habits d'un jardinier, nous pensons qu'on altère le texte de l'Apôtre ; et d'autant mieux que Marie-Madeleine, s'entendant nommer ensuite par celui qui l'a interpellée, se retourne et reconnaît aussitôt qu'elle a Jésus devant les yeux.

(2) *Pour le desmondre :* Lisez, Pour l'indiquer.

(3) *L'auspice de nos religieux :* Du Rozel entend, par cet hospice, désigner l'endroit même où nos religieux, les Cordeliers, se retirent pour dormir et prendre leurs repas. Il est situé derrière la chapelle dite de l'Apparition, sur laquelle il a son unique entrée.

Ce qui doibt encores estre remarqué dans l'enclos du Sainct-Sepulchre, est le sepulchre que Joseph d'Arimathye a faict faire, et où il a esté mis appres auoir donné celuy qu'il auoit auparauant destiné pour luy, au corps de Nostre-Seigneur, et celuy de Nicodesme, où il a aussy esté enterré. Ilz sont aupres l'un l'aultre, taillez dans le roc, contre l'esglize des Caldéens et fort proche du Sainct-Sepulchre; leurs corps n'y sont plus, ny aucuns vestiges.

Il ne fault pas aussy obmettre, estant François, le sepulchre de Godefroy de Buillon et ceux des quatre Balduuins ses enfans (1), qui ont esté les derniers roys chrestiens de Jerusalem.

(1) *Le sepulchre de Godefroy de Buillon et ceux des quatre Balduuins ses enfans* : Les quelques renseignements que donne du Rozel, sur ces tombeaux, sont aussi incomplets qu'erronés. Le baron de Beauvau, lui, très-précis à cet égard, a même été jusqu'à reproduire les épitaphes consacrées à la mémoire de nos illustres compatriotes, devenus rois de Jérusalem après en avoir été les pieux et chevaleresques libérateurs. Ouvrons donc son *Voyage du Levant,* et prenons-y les détails qui ont échappé à l'attention ou au souvenir de notre pèlerin :

« En la chapelle de Saint-Jean l'euangeliste, soubs celle du mont Calvaire, se » voyent les sepultures de deux braues Champions de la foy, yssus de l'ancienne » et royale Maison de Lorraine, soustenues chacune de six piliers de marbre.

» La premiere est à main droicte, faicte en forme de biere, longue de douze » pans (1) et haulte de sept, en comprenant les piliers qui la soustiennent, laquelle » est de *Godefroy de Bouillon*, avec cette inscription :

(On la trouvera ci-dessous, ainsi que les deux autres qui vont être mentionnées.)

» La seconde, qui est du *Roy Baudouin,* son frere, est à main gauche, longue » de treize pans et haulte de sept, sur laquelle sont graués ces vers latins : (Voir » plus bas.)

» Au sortir de cette chapelle se voicnt deux autres sepultures de marbre blanc, » avec des petites colomnes cannelées à la Corinthienne, dont la premiere est » d'*vn des enfans de Baudouin,* avec ces vers : (Voir plus bas.)

» L'autre est de *la femme de Baudouin* (2), mais l'escriture est tellement gastée, » qu'on ne la scauroit lire. »

A notre tour, complétons la description de ces tombeaux, en faisant suivre les

(1) *Pan :* C'était jadis le nom d'une mesure de longueur, particulièrement usitée, chez nous, dans la Provence et le Languedoc. Ce Pan, qui répondait à la *Palme* des Grecs, avait neuf pouces et deux lignes.

(2) *La femme de Baudouin Ier :* Nous ignorons, en l'absence de l'inscription que portait ce tombeau, à laquelle des femmes de Baudouin Ier elle avait été dédiée; car ce prince se maria deux fois. Vers 1097 il épousa la fille de Gabriel de Mélitène, Arménien puissamment riche, et la délaissa ensuite pour s'unir en 1113 à Adélaïde, veuve de Roger, comte de Sicile.

Celuy dudict Godefroy et de deux de ses filz sont en vne chappelle qui est à main droicte de la porte de l'enclos du Sainct-

épitaphes latines de leur traduction, que le baron de Beauvau a négligé de donner; et efforçons-nous, dans les vers surtout, de n'altérer en rien le sentiment religieux qui y règne si profondément :

Epitaphe de Godefroy de Bouillon :

HIC JACET
INCLYTUS DUX GODEFRIDUS DE BULION,
QUI TOTAM ISTAM TERRAM ACQUISIVIT CULTUI CHRISTIANO,
CUJUS ANIMA REGNAT CUM CHRISTO !
AMEN.

Traduction :

Ici repose
L'illustre duc Godefroy de Bouillon,
Qui conquit au Catholicisme toute cette contrée.
Puisse son âme régner avec le Christ !
Ainsi soit-il.

Epitaphe de Baudouin Ier :

REX BALDUINUS, JUDAS ALTER MACHABEUS,
SPES PATRIÆ, VIGOR ECCLESIÆ, VIRTUS UTRIUSQUE,
QUEM FORMIDABANT, CUI DONA TRIBUTA FEREBANT
CEDAR ET ÆGYPTUS, DAN HAC HOMICIDA DAMASCUS,
PROH DOLOR ! IN MODICO CLAUDITUR HOC TUMULO !

Traduction :

Baudouin, ce roi qui fut un Judas Machabée,
Le rempart de l'Eglise et l'espoir du pays,
Et qui les honora ; dont la vaillante épée
Rendit, par la terreur, tributaires soumis
L'homicide Damas, Dan, Cédar et l'Egypte,
Ce héros, ô douleur ! gît dans cette humble crypte !

Epitaphe de l'un des fils de Baudouin Ier :

SEPTIMUS IN TUMULO PUER ISTO REX TUMULATUR,
EST BALDOUINUS REGUM DE SANGUINE NATUS,
QUEM TULIT È MUNDO SORS PRIMÆ CONDITIONIS
UT PARADISIACÆ LOCA POSSIDEAT REGIONIS.

Traduction :

Dans ce tombeau repose un Enfant, le septième
Qui soit du sang royal de Baudouin même issu.
La mort vint lui ravir honneurs et rang suprême,
Mais c'était pour qu'au Ciel il fût plus tôt reçu.

Ajoutons à tout ce qui précède, et pour terminer cette longue note : que *Godefroy de Bouillon,* qui fut proclamé roi de Jérusalem au début de 1069, mourut

Sepulchre, soubz l'esglize et auspice (1) des Armeniens; et les deux aultres sont deuant ladicte porte, contre l'esglize des Grecs. Ils estoient artistement bien eslabourez, auecq de belles figures, le tout de marbre; mais les Turcs en ont rompu vne partye.

Et sur les neuf heures, les Turcs voullant fermer la porte du Saint-Sepulchre, l'ayant ouuerte dès huict, m'ont contrainct en sortir, et, passant par la porte, me voulloient obliger de leur donner demye piastre, qui est vn droict qu'ilz veullent encores exiger des pelerins; mais, comme j'auois esté aduerty, je leur ay dict que j'auois tout payé ès mains du procureur du conuent, et qu'ilz se pourueussent vers luy.

Auparauant que me retirer au conuent, j'ai esté au lieu où Abraham voullut sacrifyer son filz Isaac, qui est aussy sur le mont de Caluaire, au costé. L'on y monte par vne porte qui est proche celle dudict Saint-Sepulchre, à main gauche, comme l'on en sort. Il y a sur iceluy vne petite chappelle, et l'endroict qui est au milieu est couuert de beau marbre assorty de touttes couleurs, où ilz ont laissé vn trou en rond, large de demy pied, par lequel on le peult toucher et voir. Ilz le couurent d'vn aultre marbre où l'histoire est despeinte; et, comme on sort de ladicte chappelle, l'on trouue à main gauche vn olivier auquel on dict qu'estoit attaché le belier (2) qu'Abraham sacrifya au

en 1100, à Jaffa, alors qu'il revenait de châtier le sultan de Damas ; — que Baudouin Ier, son frère et successeur, régna jusqu'en 1118 ; et qu'enfin il perdit successivement tous ses enfants, puisque l'on vit son neveu ou cousin, Baudouin du Bourg, hériter de sa couronne, sous le nom de Baudouin II.

(1) *L'auspice des Armeniens :* Là encore, ainsi que nous l'avons expliqué plus haut, page 114, note 3, il faut entendre par ce mot hospice, l'un des lieux qui, dans l'église du Saint-Sépulcre, servaient de dortoir et de réfectoire aux prêtres de toute nation y résidant pendant des mois entiers.

(2) *L'oliuier auquel estoit attaché le belier qu'Abraham sacrifya au lieu de son filz :* Nous sommes loin, devant cette phrase, du récit de la Genèse, qui ne fait aucune mention, chacun le sait, de « belier *attaché* à un *oliuier.* » Il dit simplement — *Levavit Abraham oculos suos, viditque post tergum arietem inter vepres*

lieu de son filz, lorsque l'ange lui eut arresté le coup, et qui s'est depuis miraculeusement conserué. Ce lieu est occuppé et deseruy par des Armeniens qui en ont aussy grand soing.

Et par vne aultre porte qui est vn peu plus auant, du mesme costé, l'on monte au lieu du sacrifice de Melchisedecht (1), grand prestre de la loy mosayque et premier sacrificateur. L'on y va bien aussy en descendant de celuy d'Abraham, mais la porte qui a ceste communication estoit fermée, et n'y vint personne pour l'ouurir. Il y a aussy sur ce lieu vne petitte chappelle, mais elle est peu ornée, estans des Abissins qui la deseruent. A la sortye, je suis retourné au conuent.

hærentem cornibus, quem assumens obtulit holocaustum pro filio : Abraham, levant les yeux, aperçoit derrière lui, les cornes *embarrassées* dans un *buisson épineux*, un belier ; il le saisit, et, le substituant à son fils, l'immole sur le bûcher. — Ce texte si formel nous met donc parfaitement à l'aise pour reléguer au rang des oliviers ordinaires, celui qu'on présentait à du Rozel, il y a plus de deux siècles, comme le contemporain d'Abraham, comme celui au tronc duquel aurait été attaché le bélier miraculeux qui sauva Isaac, de l'holocauste.

(1) *Melchisédech* : L'Écriture sainte le montre étroitement mêlé aux actes d'Abraham, et la tradition l'a généralement désigné comme le fondateur de Jérusalem. Il l'aurait bâtie vers l'an 2003 de la création, et nommée Salem, mot hébreu qui veut dire *paix*.

XI

Départ de Jérusalem, et rentrée en France.

Adieux des religieux du Saint-Sépulcre a du Rozel. — Il quitte Jérusalem et gagne Jaffa. — Lieu ou David tua Goliath. — Ville de Jérémie. — Maison du Bon-Larron. — Rama et le logis de Joseph d'Arimathie. — Colonnes miraculeuses données par des Marseillaises a l'une des églises de Rama. — Tour des Quarante-Martyrs. — Souterrain merveilleux. — Arrivée a Jaffa. — Détails sur ce port. — Du Rozel s'y embarque pour visiter l'Égypte avant de regagner la France.

Ce mesme jour 16 octobre, l'appres-dinée, le pere gardien du conuent, auecq tous les religieux, m'ont mené à l'esglize, et, ayant expozé le Saint-Sacrement sur l'autel, ont faict plusieurs prieres et oroisons pour mon heureux retour et chanté des antiennes et hymnes en musicque et auecq les orgues, en fin desquelles ledict pere gardien, vestu des habitz sacerdotaux, m'a donné sa benediction, puis m'a embrassé et baisé; et appres luy tous les religieux m'ont faict le mesme, en ordre et à tour.

Ensuitte de quoy l'on m'a amené vne monteure et donné vn truchement du conuent, auquel j'ay baillé, comme il est ordinaire, quatorze piastres pour me mener au port de Jaffa, où l'on conte douze lieues, me fournir de monteure et payer les caphares. Et estant besoing de porter ce qui nous faisoit necessité, ne trouuant rien sur les chemins, le principal truchement dudict conuent nous a apporté quelque peu de viures, auquel il m'a fallu bailler vne piastre, qui est vn droict qu'il prend sur les pelerins, et à la porte vne demye piastre au portier, puis nous nous sommes mis à chemin à pied, jusques hors la ville, puisqu'il ne nous est permis d'y aller montez, ny à aucuns chrestiens.

Ayant faict enuiron trois lieues, et appres auoir passé vn pettit pont de pierre, qui est sur vn ruisseau dans vn vallon, mon truchement m'a montré le lieu où le petit Dauid tua le grand geant Goliad (1), qui est quasy sur le chemin. L'on y auoit faict vn bel edifice qui est à present ruyné. Il y a encores des murailles sur pied et quantité de materiaux.

Puis auons continué nostre route jusques en la ville de Jeremye (2), où nous nous sommes arrestez pour prendre vn peu de repos vne partye de la nuict, soubz vn figuier, ne trouuant personne qui nous voullust loger. Cette ville est ainsy nommée à

(1) *Le lieu où le petit Dauid tua le geant Goliad :* Il est situé dans la vallée de Térébinthe, et Lamartine en parle en ces termes :

« ..... J'ai contemplé, d'un site sublime, la noire et profonde vallée où David, » avec sa fronde, tua le géant philistin. La position des deux armées est tellement » décrite dans la circonscription de la vallée et dans la pente et la disposition du » terrain, qu'il est impossible à l'œil d'hésiter. Le torrent à sec sur les bords » duquel David ramassa la pierre, traçait sa ligne blanchâtre au milieu de l'étroite » vallée et marquait, comme dans le récit de la Bible, la séparation des deux » camps. Je n'avais là ni la Bible, ni voyage à la main, personne pour me donner » la clé des lieux et le nom antique des vallées et des montagnes; mais mon ima- » gination d'enfant s'était si vivement et avec tant de vérité représenté la forme des » lieux, l'aspect physique des scènes de l'Ancien et du Nouveau Testament, d'après » les récits et les gravures des livres saints, que je reconnus tout de suite la » vallée de Térébinthe et le champ de bataille de Saül. »

(2) *La ville de Jeremye :* C'est un simple village, ou mieux un chétif hameau nommé Saint-Jérémie. On a souvent prétendu, surtout dans les relations des voyageurs qui ont parcouru la Palestine, que l'auteur des *Threni* vint au monde en ce lieu. Châteaubriand déclare qu'une telle assertion ne tient pas contre la critique ; mais il se borne à l'affirmer, sans appuyer d'aucune preuve, d'aucun argument le dire négatif qu'il émet. D'un autre côté, si nous interrogeons les biographes les plus estimés, nous voyons qu'ils font naître Jérémie à Anathoth, localité voisine de Jérusalem, observent-ils. Maintenant, Anathoth ne serait-il point l'ancien nom du village actuel appelé Saint-Jérémie ?... Voilà ce que nous ignorons.

cause du prophete Jeremye qui y a pris naissance; l'on auoit basty vne esglize au lieu où estoit sa maison, dont les Turcs ont faict vne mosquée. Il y a vne belle fontaine, quasy sur le chemin, où l'on dict qu'il a faict plusieurs miracles.

Le 17, vers vne heure apprès minuict, sommes partys au clair de la lune, et ayant faict enuiron trois lieues, mon truchement m'a destournez vn peu à main gauche pour me monstrer le chasteau ou maison du Bon-Larron (1), qui estoit bien bastie et de grosses murailles, lesquelles ont beaucoup de peine à se ruiner. Il y auoit vne esglize, mais tout est en decadence.

Et ayant repris nostre chemin, sommes arriuez à Rama (2) à vne heure de jour; mondict truchement m'a mené descendre chez le procureur qu'ont nos religieux de Jerusalem en ce lieu, affin d'y demeurer pendant qu'il iroit au port de Jaffa et me troueroit commodité pour m'embarquer. Le logis où habite cedict procureur deppend du conuent de Jerusalem, et leur appartient;

(1) *La maison du Bon-Larron* : En annonçant qu'il l'a visitée, du Rozel n'est peut-être pas assez précis. Nous pensons qu'il a voulu dire simplement qu'on lui avait montré les restes de la localité habitée par ce personnage. Et le passage ci-après, de Châteaubriand, nous paraît de nature à changer notre doute en certitude : « Au sommet d'un tertre qu'entoure un ravin raboteux, on entre- » voit un village en ruines et les pierres éparses d'un cimetière abandonné : ce » village porte le nom de Latroun, ou du Larron; c'est la patrie du criminel » qui se repentit sur la croix et qui fit faire au Christ son dernier acte de misé- » ricorde. »

(2) *Rama* : Nous avons déjà parlé de Rama, Ramla ou Rhamata (voir la note 1 de la page 25), mais brièvement, attendu que du Rozel n'y avait pas encore séjourné; il s'était contenté « d'y faire tenir ses hardes et petit ba- » gage, » pour les y reprendre en quittant la Palestine. Présentement, le voilà installé audit lieu; et comme il se dispose à le décrire minutieusement, il va nous falloir l'accompagner sans cesse, afin, au besoin, de réparer ses oublis ou de signaler ses erreurs. Et puisque nous désirons éviter l'erreur, observons avant tout qu'il importe de ne pas confondre la ville dont il est ici question, avec celle du même nom dans laquelle Matthieu l'évangéliste dit que Rachel pleura si douloureusement ses enfants. La première est située dans la tribu d'Ephraïm, à douze kilomètres de Jaffa, tandis que la seconde, appelée généralement Rama la noble, s'élève au contraire dans la tribu de Benjamin, aux portes de Bethléem.

c'est celuy mesmes de Joseph d'Aritmathye (1), et où il estoit né. Il y a deux courtz entourées de maisons, dont l'vne est moderne. Dans la petite, qui est en long, sont les mesmes maisons dudict Joseph d'Aritmathye, qui ont esté tant reparées dedans et dehors, qu'il ne se cognoist plus rien de leur antiquité. C'est là que loge ledict procureur, qui est vn marchand françois, nommé Saigne, lequel tient vne chambre garnye pour les pelerins. Dans l'aultre court, qui est carrée et entourée de maisons modernes, logent d'aultres marchandz françoiz, qui sont là pour leur negoce; c'est comme vne espece de fondigue (2) comme il y en a en tous les portz du Leuant, qui ferment la nuict, dont les Turcs ont les clefz, ou gens pour eux. Rama est comme le magazin du port de Jaffa, où il n'habite que quelques Mores, ny demeurant aucuns marchandz ny chrestiens, ny aultres, qui viennent tous resider audict Rama, quoy qu'il en soict esloigné de trois lieues.

Ceste ville (Rama) est scituée en vne platte campagne tres fructueuse et tres fertille, notamment en cottons et bons melons d'eau. Il n'y a aucunes clostures de murailles en ladicte ville; elle est mal bastye de petites rues estroictes et de meschantes maisons à la turquesque, comme grottes, fors quelques vnes qui restent encores des chretiens qui l'ont habitée, et quelques esglizes et conuentz. Entre aultres, il y a vne esglize deseruye

(1) *Le logis où estoit né Joseph d'Arymathye, à Rama :* Il peut sembler étrange, au premier abord, que ce Joseph qui donna son sépulcre pour inhumer Jésus, soit né à Rama, quand on se souvient que le Nouveau Testament dit qu'il était d'Arimathie. Toutefois, l'étonnement disparaît, si l'on veut bien consulter les géographes, car tous affirment que Rama d'Éphraïm n'est autre que l'ancienne Arimathie.

(2) *Fondigue :* C'est *Fondique*, qu'on doit lire. Ce terme, aujourd'hui peu connu, s'employait jadis, dans la langue commerciale, pour désigner un lieu commun où les négociants déposaient leur numéraire, leurs marchandises, et se réunissaient journellement pour traiter d'affaires. Il vient du turc *al fondiga*, dont les Italiens avaient fait *fondigo*, qu'à leur tour les Français traduisirent par *fondique*.

par les Grecs, dans laquelle sont quatre colomnes de marbre blanc de differente grosseur et de mesme haulteur qui soustiennent vn dome, qu'on dict y auoir esté données par quatre femmes veufues de Marseille et des enuirons, par vn veu que sy elles faisoient le voyage de Terre Saincte et retournassent en leurs maisons, qu'au retour elles enuoyroient chascune vne colomne de marbre à la premiere esglize qu'elles rencontreroient en ladicte Terre Saincte. Et estant paruenues en leurs desseins et faict leur voyage comme elles souhaitoient, elles voullurent aussy accomplir leur veu, et firent faire lesdictes colomnes. Mais il se rencontra vne de ces veufues avoir peu de bien, laquelle l'ayant tout employé a achepter ou faire faire sa colomne, n'en auoit plus pour la faire mener au lieu destiné. Neantmoingtz, les aultres veufues, ne le schachant, auoient faict pact auecq vn marinier pour les transporter touttes. Il les chargea touttes en son vaisseau; mais, auant que de partir, voullant estre payé de la somme à luy accordée, les trois veufues qui auoient faict le marché, contribuerent de leurs portions, il ne resta alors que la quatriesme, la pauure, à laquelle il s'addressa pour luy demander sa contingente, ou qu'à faulte de ce il laisseroit sa colomne. Cette femme lui ayant faict cognoistre son insuffisance, dont il ne se contenta, ne put que luy dire qu'alors il jectast la colomne en mer, au gré de l'eau, à la merci des ventz et à la conduitte de sainct Georges. Ce qu'ayant faict, cette colomne suiuit miraculeusement son vaisseau jusques audict port de Jaffa, où estant arriuée aussy tost que luy, il la fist mener, recognoissant la prouidence de Dieu, dudict port à Rama, en ladicte esglize. C'est la plus grosse et la plus proche de la porte.

Il y a encores vne aultre esglize fort belle, auecq vne haulte tour dicte des Quarante-Martirs (1), à cause qu'ilz y ont esté

(1) *Tour dicte des Quarante-Martirs :* Le nom que porte cette tour permet de supposer qu'elle fut, aux premiers temps du Christianisme, témoin du massacre

martyrisez. Le cymetiere où ilz ont esté enterrez est là aupres; il y auoit vn conuent. Et sont encor proche ladicte esglize, deux tres beaux cloistres voultez de pierre de taille, auecq des pilliers; mais les Turcs s'en sont emparez, et de l'esglize en ont faict vne mosquée.

Hors la ville, à demy mil, est vn lieu sousterrain comme en forme de bains (1), où il y a quarante arches de pierre de taille; quarré et fort antien, il estoit peint à l'antique; il en parroist encores beaucoup de choses; l'on y entre par vn degré qui est au coin.

Le 23, voyant que mon truchement ne me fournissoit point d'occasion pour m'embarquer, et qu'il ne m'en faisoit point esperer de prochaine, je me suis resolu d'aller audict port de Jaffa (2);

de quarante adorateurs de notre Dieu. Toutefois, rien ne vient appuyer ce sentiment, quand on interroge les nombreux ouvrages écrits sur l'Orient. Les voyageurs les plus prolixes se sont effectivement contentés, en étudiant les monuments de Rama, de décrire la Tour des Quarante-Martyrs, sans fournir le moindre renseignement à l'égard de la dénomination sous laquelle elle est connue depuis une quinzaine de siècles. Il est donc impossible, aujourd'hui, de raconter le drame religieux qui très-probablement lui a valu cette appellation.

(1) *Sousterrain en forme de bains :* Ce lieu que notre gentilhomme, qui n'était pas archéologue, annonce être « comme en forme de bains, » nous a bien l'air de la fameuse citerne attribuée à la mère de Constantin, à sainte Hélène. Cette citerne, Châteaubriand, en passant à Rama, fut la voir, et la description qu'il en a donnée se rapporte tellement à celle du présent souterrain, qu'il serait difficile de ne les point regarder comme un seul et même monument. Du reste, rien de plus commun, aux environs de Rama, que ces sortes de réservoirs; et Volney, cent quarante ans après du Rozel, en demeura frappé, puisqu'on lit cette note dans son *Voyage en Syrie* :

« En parcourant les immenses plantations d'oliviers qui entourent Rama, on » trouve à chaque pas des puits secs, des citernes enfoncées, de vastes réservoirs » voûtés qui prouvent que jadis cette ville dut avoir plus d'une lieue et demie » d'enceinte. »

Mais la citerne mentionnée par notre pèlerin était évidemment la plus grande, la plus remarquable de toutes, car Châteaubriand assure qu'on y descendait par vingt-sept marches, et qu'elle avait au moins trente-trois pas de long sur trente de large.

(2) *Je me suis resolu d'aller audict port de Jaffa* : Notre voyageur, avant de quitter Rama, eût dû nous parler de divers autres monuments qu'elle possède, et qui,

à l'effect de quoy il m'a fourny vne monteure et m'a accompagné comme il y estoit tenu; et m'a esté bien necessaire pour me deffendre des oppressions que les Arabes m'ont voullu faire par les chemins; où enfin estant arriué, n'y ayant que trois lieues, et ne trouuant de vaisseaux qui prinssent mon chemin, j'ay esté contraint me refugier dans vne petite grotte sur le bord du port, où il ne demeuroit personne, n'estant cloze qu'à demy, ny ayant aucuns chrestiens ny aultres maisons où je peusse aller, et dans laquelle je suis resté affin de ne perdre la premiere occasion de m'embarquer. Et qu'on songe si je la desirois, me voyant ainsi abandonné, sans vivres et peu de moyens de m'en procurer, ainsi que sans aucun des objets necessaires à la vie, puis tout malade déjà, comme je le vais expliquer bientôt.

Jaffa est vn des principaux portz de la Palestine, quoy que ce ne soict qu'vne plage, ny pouuant entrer de gros vaisseaux. Il est soubz la domination du bacha de Gaza, qui est la plus importante ville de ceste prouince, lequel bacha y tient vn sourbagy, vn aga et vn cady (1). La ville a esté fort bien bastye, mais doresnauant tout est ruiné. C'est en ce port que l'on embarqua saincte Anne, la Magdelaine et sainct Lazare son frere, auecq saincte Marthe leur sœur, dans vn vaisseau que l'on mit au gré

chers aux chrétiens, ont été, bien certainement, visités par lui. Cet oubli, réparons-le en ouvrant les relations du père le Royer (17..) et d'Herbelot (1697) sur la Palestine, et en leur empruntant à chacun un court passage :

« Hors de Rhamata, du côté du midy, est une mosquée où l'on voit un sépulcre » qu'on dit être de Siméon le Juste, qui eut l'avantage de recevoir Jésus-Christ » enfant, dans ses bras, lorsqu'on le portait au Temple. Il y a aussy dans cette ville » une maison que la Tradition porte avoir servi de demeure à Nicodême. Philippe, » duc de Bourgogne, l'ayant achetée par devotion, y fit bâtir une chapelle qui a » été donnée depuis ce temps-là aux Religieux de Saint-François. »

» Enfin les Musulmans eux-mêmes révèrent à Rama ou Ramlé le Tombeau de » Locman, surnommé *le Sage*, aussi bien que ceux de soixante et dix Prophètes » qu'ils croient y être enterrez. »

(1) *Un Sourbagy, un Aga et un Cady* : Le Sourbagy, c'est un sous-gouverneur ; l'Aga, un officier, capitaine ou commandant; quant au Cadi turc, chacun sait que ses fonctions répondent à peu près à celles de nos juges de paix.

du vent sans voilles, auirons ny prouisions, lequel s'alla miraculeusement rendre en celuy de Marseille (1). C'est aussy en sortant

(1) *Embarquement à Jaffa, pour Marseille, d'Anne, de Madeleine, de Lazare et de Marthe* : L'embarquement de ces quatre personnages dans « vn vaisseau sans » voilles, auirons ny prouisions, » mais qui cependant, faisant bonne et prompte route, n'en arrive pas moins en pleine rade de Marseille, cet embarquement dut s'effectuer ailleurs qu'à Jaffa. Et si l'on nous demandait en quel port nous pensons qu'il eut lieu, nous répondrions avec la Tradition, avec l'Histoire :

— Ce fut au port de la *Légende*.....

Qui ne sent, en effet, tout ce qu'a de fabuleux le récit reproduit là par du Rozel, et que tant d'autres avant lui ont également consigné dans leurs ouvrages ?... Insister sur ce point, serait superflu, lorsque nous avons eu déjà, au cours de ce travail, mainte occasion de prémunir le Lecteur contre de telles invraisemblances, dont la religion reçoit plutôt une fâcheuse atteinte, qu'un utile secours.

Ce n'est, du reste, qu'à partir du xe siècle, que l'on vit surgir en France cette fameuse version du débarquement, à Marseille, de Madeleine et de ses compagnons ; et si dès l'abord elle tend à s'y accréditer, plus tard on s'aperçoit que les Provençaux eurent sous les yeux tout ce qu'il fallait pour leur permettre de s'inscrire en faux contre elle.......

Moréri, dans son volumineux *Dictionnaire historique*, consacra un long, un consciencieux article à la repousser. Il eut grandement raison, et n'a pu manquer de convaincre ceux qui l'ont lu. Mais depuis Moréri on a cherché, dans un but qu'il devient inutile de définir ici, à solidement ancrer en plein port de Marseille ce *miraculeux navire chargé de tous ses passagers*. L'écrivain qui l'a tenté, c'est M. l'abbé Faillon, de la Congrégation de Saint-Sulpice. Dans un ouvrage intitulé *Monuments inédits sur l'apostolat de sainte Marie-Madeleine* (Paris, Migne, 1848, 2 vol. in-4°), cet ecclésiastique a fait revivre, par la production de pièces prétendues inédites, des récits que les voix les plus autorisées avaient proclamé dénués de fondement, de vérité. Son livre a rencontré néanmoins un certain nombre de partisans, de défenseurs. Pour nous, c'est avec la volonté de ne jamais utiliser les documents qu'il y met en lumière, que nous l'avons refermé ; et cette volonté, nous la légitimons par les motifs suivants :

1° C'est que M. l'abbé Faillon présente comme historiques, en ses deux volumes, des légendes apocryphes supprimées par d'illustres évêques ;

2° Qu'il y tire trop prestement un trait de plume sur la critique, sur l'érudition si vantée pourtant, si reconnue, des Sulpice-Sévère, des Epiphane, des Grégoire de Tours, des Vincent de Beauvais, des Bollandistes, des Henry Canisius, des Mabillon, des frères Sainte-Marthe, des Dominicains, des Jésuites, etc., etc. ;

3° Que non-seulement il jette au rebut de semblables écrivains, mais qu'encore il traite hautement — et injurier n'est pas prouver — de « pères du mensonge, » de demi-savants orgueilleux, téméraires, » ses nombreux contradicteurs, quand ils ne lui opposent cependant que les passages les plus formels, les plus acceptés de ces doctes annalistes, auxquels il convient de réunir : Eucher, évêque de

de ce port que le prophete Jonas fut jecté en mer par des mariniers l'accusant d'estre cause d'vne tempeste qu'il faisoit

Lyon (441); Césaire, archevêque d'Arles (502); le pape saint Grégoire (590); Adon, archevêque de Vienne-en-Dauphiné (860); Odon, abbé de Cluny (927); et saint Bernard, abbé de Clairvaux (1115), qui tous assez rapprochés de l'ère chrétienne pour la connaître mieux que les modernes, ont longuement parlé de Madeleine sans faire la moindre allusion à la légende contre laquelle nous nous sommes élevé;

4° Puis aussi parce que la prestigieuse *Vie de Madeleine* attribuée par M. l'abbé Faillon à Raban-Maur, archevêque de Mayence en 847, est tout bonnement du xve siècle, et non point du IXe, et nous est venue d'Angleterre — d'Oxford — au lieu de nous tomber d'Allemagne;

5° Qu'en outre, si dans ce manuscrit, faussement prêté à Raban-Maur, l'on dit que Madeleine mourut en Provence, on n'y rencontre néanmoins aucun renseignement sur son arrivée, son séjour ou celui de ses compagnons; tandis qu'on est en droit, au contraire, d'y puiser les lignes ci-après pour démontrer que Lazare n'a pu visiter Marseille : « Les Apôtres ordonnèrent Lazare pour évêque de sa propre » ville. Ensuite la persécution des Juifs s'élevant, il se retira en Chypre, y prê- » cha le royaume de Dieu et y siégea comme premier évêque. Il vécut vingt-quatre » ans depuis sa résurrection. On honore encore sa mémoire et celle de ses sœurs » à Béthanie, le 16 avant les calendes de janvier... » — Et là, ajoutons que tous les Martyrologes inscrivent Marie-Madeleine comme morte et inhumée en Orient (à Ephèse ou à Béthanie de Judée), et que Raban-Maur — le véritable, notons-le bien — porte lui-même en son Martyrologe le décès de Madeleine au 22 juillet, se taisant sur le lieu de la sépulture, mais précisant qu'à Jérusalem reposent les corps de Marthe et de Marie, sœurs de Lazare. D'où résulte que ces deux passagères du vaisseau de du Rozel n'ont pas, plus que leur frère — selon le faux et selon le vrai Raban-Maur — pris terre sur les côtes de Provence;

6° De plus, parce que le merveilleux, l'extraordinaire, l'inattendu, a toujours éveillé nos défiances, et qu'en entendant M. l'abbé Faillon s'écrier : — « J'ai » trouvé subitement quinze monuments authentiques, tous antérieurs au xe siècle, » tous contredisant nos vieux historiens! » nous avons pensé — et cela avec beaucoup d'autres — que ce vers de *Mérope* :

LE HASARD VA SOUVENT PLUS LOIN QUE LA PRUDENCE,

devrait figurer en tête des *Monuments inédits sur l'apostolat de sainte Marie-Madeleine en Provence...* — Mais non, nulle découverte n'a eu lieu; et si les Mabillon, les Pasi, les Longueval, les Bénédictins et maints travailleurs émérites n'ont pas les premiers cité ces documents, déclarés neuf fois séculaires en 1848 par leur fortuné révélateur, c'est que des experts si compétents ne pouvaient s'y tromper : ils avaient sous les yeux des monuments d'une date assez récente, rentrant simplement dans la catégorie de ceux déjà connus pour contenir la légende provençale d'apocryphe mémoire — et rien de plus!... Tel fut le secret de leur silence, de leur dédain à l'égard de ces fameuses pièces;

7° Enfin — et ce sera notre dernier argument — si nous avons repoussé les

alors, et où il fut immediatement englouti par vne balayne monstrueuse, comme nous l'apprennent les sainctes Escriptures, dans l'Antien Testament (1).

Le premier nouembre, quoy qu'indisposé d'vne fiebure continue qui m'auoit repris dans ceste grotte, causée par vne aposthume qui m'estoit venue au col, je me suis embarqué dans la germe(2) d'vn More pour Damiatte, encores que je n'entendisse son langage et qu'il n'y eust personne en icelle qui en sceust d'aultre, ne s'estant rencontré d'aultre vaisseau depuis que j'estois là qui prist ce chemin, craignant d'y rester dauantage et que mon mal n'augmentast, n'y ayant de chirurgiens ny aucuns de qui je peusse auoir soulagement; et auons faict voille le soir. L'on y conte 300 mil.

Le 5, sommes arriuez à la bouche du port de Damiatte, qui est vn bras du Nil; mais comme ceste bouche estoit remplye des sables que la mer y jecte quant elle est grosse, nous n'y auons pu entrer; les vaisseaux y attendent quelques fois des quinze

deux volumes de M. l'abbé Faillon, c'est qu'en vue d'étayer ses « quinze monuments séculaires, » cet écrivain n'a pas craint d'altérer des textes. Ainsi, pour n'en produire qu'un seul exemple, Flodoard d'Epernay, chroniqueur du xe siècle, ayant composé, en vers, les *Vies des saints de la Palestine*, M. l'abbé Faillon les a lues et a traduit cet hexamètre : ..... HAC QUOQUE MAGDALENE REGIONE RESIDET, par : « Madeleine *habita* pendant sa vie, Magdalon ; » quand tout latiniste consciencieux eût écrit : C'est également en cette contrée que *repose* Madeleine ....

— Pourquoi donc avoir si étrangement dénaturé ce vers de Flodoard?

— Pourquoi, si ce n'est dans l'intention préconçue de se créer des armes pour le soutien d'une mauvaise cause?...

(1) *Jonas fut jecté en mer en sortant de Jaffa :* Il est indispensable, pour éviter ici toute interprétation contraire, de rappeler que Jaffa se nommait anciennement Joppé; et qu'ainsi notre pèlerin ne se trompe en rien, quand il écrit : C'est en sortant de Jaffa, que le prophète Jonas fut précipité dans la mer. La Bible est précise à cet égard; elle dit : Jonas vint à Joppé, s'y embarqua pour Tharsis; mais une tempête s'éleva..... On sait le reste.

(2) *Je me suis embarqué dans vne Germe :* Ce dernier mot est mal orthographié; on l'écrit et prononce : Djerme, et il s'applique, en Égypte, à une espèce de barque particulièrement employée sur le Nil.

jours et trois sepmaines. Nous, cependant, plus heureux, n'y sommes demeurez que vingt-quatre heures, qui m'ont pareu, veu mon estat de souffrance, qui s'empiroit, aussy longues que possible.

Le 6, sur le soir, la mer s'estant vn peu accoisée, sommes montez auecq le petit batteau à mont ledict bras du Nil, le faisant tirer par des mariniers, et d'aultres auecq les rames, le vent estant contraire, jusques audict port, qui est dans la ville; mais comme il est esloigné de ceste bouche de neuf ou dix mil, nous y arriuasmes trop tard pour prendre terre, et force me fust bien, quoy que quasy mourant, de passer toutte la nuict sur ceste incommode embarcation, où l'on pouuoit à peine s'asseoir.

Le lendemain matin 7, le vice-consul, nommé Jacques Coppin, que j'auois faict aduertir, m'est venu trouuer et m'a faict porter en sa maison, estant sy debile et sy foible, que je ne me pouuois soustenir, où en arriuant l'on m'a mis au lict et m'a faict si bien traicter et medicamenter par vn chirurgien qu'il a dans sa maison, qu'en quinze jours il m'a remis sur piedz, et que j'ai peu bien visiter l'Egipte (1) auant de retourner en France.

(1) *J'ai visité l'Egypte, auant de retourner en France :* Du Rozel, nous l'avons dit dans notre Introduction, a divisé son manuscrit en trois parties : il a d'abord décrit le Midi de la France, plusieurs villes de l'Italie, puis la Palestine, et enfin l'Égypte. Le suivre sur la terre des Pharaons n'eût pas été sans intérêt; et par cela même que nous avions jugé inutile de l'escorter à son départ, nous aurions aimé à ne le point abandonner à son retour, qu'il effectuait en traversant des contrées encore peu connues. Malheureusement, et pour des motifs que nous ignorons, notre auteur déposa la plume avant d'avoir terminé sa tâche. D'où vient que ses notes sur l'Égypte, inachevées, incomplètes, ne sauraient offrir le moindre attrait. Voilà pourquoi nous le laissons regagner seul son foyer domestique.

APPENDICE

Tout document authentique, en histoire, a son prix, sa valeur relative, son heure d'actualité ; souvent donc il arrive à ceux qui laissent dédaigneusement de côté d'humbles parchemins, d'avoir à le regretter. Ce regret maintes fois a été le nôtre ; mais corrigé par l'expérience nous ne nous exposons plus à le ressentir. Aussi allons-nous insérer deux pièces précieusement conservées par du Rozel, comme souvenir, comme preuve incontestable de son lointain et périlleux voyage :

L'une est le *Passeport spécial* qui lui fut délivré à Venise par l'Ambassadeur français ;

L'autre est le *Certificat de visite des Saints-Lieux* dont chaque pèlerin avait alors grand soin de se munir, malgré la taxe assez forte attachée à son obtention.

Maintenant, si l'on trouvait dénuées d'intérêt ces deux pièces, nous prierions le lecteur de se rappeler qu'elles sont âgées déjà de 219 ans ; que la dernière, écrite en latin, est peu commune ; et que la traduction littérale que nous en donnons ne saurait être, aujourd'hui surtout, sans une certaine utilité.

I

PASSEPORT

DÉLIVRÉ A VENISE, EN M.D.C.XLIV, A DU ROZEL.

NOUS, seigneur des Hameaux, Cheualier, Conseiller du Roy en ses Conseils, et son Ambassadeur prez la serenissime Republique de Venize,

Prions et requerons touts Gouuerneurs des Prouinces, Villes, Chasteaux et Places maritimes, touts Commandans les gens de guerre, Maires, Juges, Officiers des Ponts, Ports, Peages et Passages, et autres qu'il appartiendra, de vouloir laisser aller et librement passer, Charles-François Du Rozel, Gentilhomme françois, s'en allant à Nalet (1), sans qu'il luy soit faict ou donné aucun trouble ny empeschement, ains tout ayde et confort, si besoin est; offrant en pareil cas, et quand nous en serons requis, de faire le semblable.

En foy de quoy nous auons signé ces presentes, et faict contresigner par vn de Nos Secretaires, et à jcelluy apposé le scel de Nos Armes.

A Venize, ce 4e d'aoust 1644.

Des Hameaux (2).

Par mondit Seigneur,

Fallüe.

Sceau :

D'argent, au chevron d'or, accompagné de trois trèfles de sinople.

(1) *Nalet :* Il existe ici une erreur de rédaction. *Nalet* n'est point un nom géographique. C'est *Alep*, qu'il faut lire, ainsi que du Rozel l'indique dès les premières lignes de sa relation.

(2) *Des Hameaux :* Cet ambassadeur appartenait à une ancienne famille de la Normandie, originaire de l'élection de Caen.

II

CERTIFICAT DE VISITE DES SAINTS-LIEUX

DÉLIVRÉ A JÉRUSALEM, EN M.D.C.XLIV, A DU ROZEL.

FR. PETRVS A MONTEPILOSO, *Ordinis Minorum Regularis obseruc, Reformate Basilicate, in partibus Orientalib' Commissarius Apostolicus, totius Terre Sancte Custos, ac sacri montis Sion Guardianus et Seruus,*

Universis et singulis presentes has n'ras litteras inspecturis, lecturis, ac legi audituris, salutem in Domino sempiternam.

NOTUM *facimus, et testamur,* Dominum Carolum Franciscum du Rozel, *Parisiensem, ad hanc Ierosolymor. Civitatem peruenisse, ac premissis sacrosanctis Penytentie et Eucharistie Sacramentis Terre* S[e] *loca; nempe :*

Gloriosiss[um] Resurrectionis D'ni n'ri Iesu X'pi Sepulchrum;

Sacratiss[os] Montes Caluarie, vbi Saluator n'r p'pria morte nos redemit in Cruce;

Olivueti, vbi in Cœlum mirabil'r conscendit ad Patrem;

Sion August[i] Eucharistie Sacram[ti] institutione, Spirit' S[ti] miss[ne], compluriq' n're salutis mysterior. celebrat[ne] insigniem;

Thabor, gloriosa Transfigura-

FR. PIERRE DE MONTPILEUX, Frère mineur régulier de l'observance réformée de la Basilicate, Commissaire Apostolique en Orient pour toute la Terre-Sainte, Custode, Gardien et Serviteur de la montagne sacrée de Sion,

A tous ceux qui ces présentes verront, liront et entendront lire, salut éternel dans le Seigneur.

SAVOIR faisons, et certifions, que *messire François du Rozel,* habitant de Paris, est venu à Jérusalem, muni des sacrements de la Pénitence et de l'Eucharistie, et qu'il a visité avec dévotion et humilité les stations de la Terre-Sainte; ainsi :

Le très-glorieux Sépulcre de notre Seigneur Jésus-Christ;

Le mont révéré du Calvaire, où le Sauveur nous racheta par sa mort sur la Croix;

Celui des Oliviers, du sommet duquel il s'éleva miraculeusement au Ciel, vers son Père;

La montagne de Sion, renommée par l'institution de la divine Eucharistie, par la descente du Saint-Esprit et l'accomplissement de plusieurs autres mystères de notre religion;

Le Thabor, sanctifié, d'après les

8

tione, Patrum testimonio venustatum, Beatitudinum admirabili earumdem D'ni sermone decoratum;

Preterea, SS^{m} Natiuitatis D'ni n'ri Iesu X'pi Presepe in Bethleem Iude ciuitate Dauid;

Sacram item Nazareth Domum Ang^{ca} Annunciatione Deipare, atq' Æterni Verbi Incarnatione celeberrimam;

Vallemq' Iosaphat plurib' Dom'ce Passionis mysterijs, ac venerabili Assumptione Dei Genitricis Marie monumento exornatam;

Bethaniam quoq' hospitio D^{ni} et Lazari suscit^{ne} honestatam;

Sed, et montana Iudee SS^{me} Genitricis visitat^{ne} et Precursoris natiuitate, eiusq' deserto nobilitata;

Tiberiadis mare, quorumdam Apostolor. vocatione, Petriq' in Ecclesie caput electione clarum;

Ac cetera omnia sancta, piaq' loca, que tam in Iudea quam in Galilea et Samaria a Fratribus, Fidelibusq' Peregrinis visitari solent, humil^{r} et deuote visitasse, in eisq' sua peccata confessum, ac Sacra Communione pluries fuisse refectum.

In quorum fidem, presentes has propria n'ra manu subscriptas, ac

Pères de l'Église, par la merveilleuse Transfiguration et par l'admirable discours du Christ sur les huit Béatitudes;

Ensuite, la Crèche où naquit à Bethléem de Juda, cité de David, Jésus-Christ notre Dieu;

Puis la Maison sacrée de Nazareth, qu'ont rendue si célèbre l'Annonciation Angélique qu'y entendit la Vierge, et l'Incarnation du Verbe Éternel;

La vallée de Josaphat, témoin de quelques-uns des mystères de la Passion de Jésus et de l'Assomption à jamais mémorable de Marie, sa Mère;

Béthanie, où séjourna le Sauveur, et qui, favorisée, vit la résurrection de Lazare;

Les collines de la Judée, honorées par la visite de la Vierge, la naissance du Précurseur, et le séjour qu'il y fit au désert;

La mer de Tibériade, où se révéla la vocation de certains des Apôtres, et où Pierre, lui, fut élu chef de l'Église;

Enfin, tous les autres lieux saints consacrés en Judée, Galilée et Samarie, par la piété, et dans lesquels les Frères, les Pèlerins ont coutume d'aller prier humblement; lieux que messire du Rozel n'a visités qu'après s'être confessé et plusieurs fois nourri du Pain Eucharistique.

En foi de quoi nous lui avons délivré les présentes, revêtues de

maiori n'ri officij Sigillo munitas expediri mandauimus.

Datum Ierosolymis, in Conuentu nostro Sancti Saluatoris, die 17 octob^e 1644.

FR. PETRUS A MONTEPILOSO.

VEU et enregistré par moy, Jehan de Lappe, Voyager (1) du Sainct-Sepulchre de nostre Seigneur Jesus-Christ, et ansien maistre de la Confrairie du dict Sainct-Sepulchre, fondée au Grand Conuent des Cordeliers à Paris.

Ce 14me may 1645.

DE LAPPE.

notre signature et du grand sceau de notre charge.

Fait à Jérusalem, en notre couvent du Saint-Sauveur, le 17 octobre 1644.

FR. PIERRE DE MONTPILEUX.

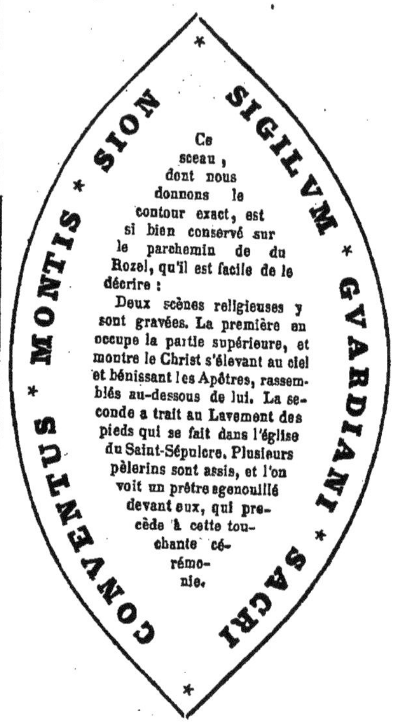

Plus heureux que du Rozel, qui n'a pu finir, nous l'observions à l'instant, la relation de ses courses en Egypte, nous avons

(1) *Voyager du Sainct-Sepulchre :* On nommait ainsi le religieux ou le laïque qui, dans chaque Etat de la Chrétienté, était chargé d'enregistrer les Certificats de visite des Lieux Saints, et, comme les anciens Titriers des couvents, de veiller à ce que ces pièces ne fussent en rien falsifiées.

atteint le but que nous nous étions proposé : la publication, l'annotation de son *Voyage en Palestine.*

Mais sommes-nous parvenu à rendre ce travail suffisamment intéressant?...

Nous l'ignorons.

Seulement, ne craignons pas d'affirmer qu'il nous a coûté de nombreuses, de fatigantes recherches, et qu'à défaut de piquant et d'attrait nous espérons qu'on y trouvera de consciencieuses critiques — et surtout la marque indélébile de notre profond respect pour les Divines Ecritures.

BONNESERRE DE SAINT-DENIS.

Angers, 15 août 1864.

INDEX GÉNÉRAL

AVIS

Afin de ne pas confondre ce qui dans cet opuscule appartient au *Manuscrit* de du Rozel, avec ce qui ressort de nos *Annotations,* nous divisons l'INDEX en deux Tables.

La première a trait au *Voyage de Jérusalem ;*

La seconde aux *Notes,* aux nombreux *Commentaires* dont il a été indispensable de l'éclairer, de l'appuyer.

I

TABLE DU VOYAGE

A

B

C

L

Pages :

M

N

O

P

Q

R

T

V

Z

II

TABLE DES ANNOTATIONS

A

C

F

H

I

J

N

O

P

S

www.ingramcontent.com/pod-product-compliance
Ingram Content Group UK Ltd.
Pitfield, Milton Keynes, MK11 3LW, UK
UKHW021055200726
13857UKWH00003B/940

9 782012 855182